Abraham Berliner

Aus dem inneren Leben der deutschen Juden im Mittelalter

Abraham Berliner

Aus dem inneren Leben der deutschen Juden im Mittelalter

ISBN/EAN: 9783743390164

Hergestellt in Europa, USA, Kanada, Australien, Japan

Cover: Foto ©ninafisch / pixelio.de

Manufactured and distributed by brebook publishing software (www.brebook.com)

Abraham Berliner

Aus dem inneren Leben der deutschen Juden im Mittelalter

Aus dem inneren Leben

der deutschen Juden im Mittelalter.

Nach gedruckten und ungedruckten Quellen.

Zugleich ein Beitrag für deutsche Culturgeschichte

von

Dr. A. Berliner.

(Der Reinertrag ist zu einem wohlthätigen Zwecke bestimmt.)

Berlin,
Julius Benzian.
1871.

Dem theuren Andenken

seines frühvollendeten Schwagers,

des Rabbinats-Candidaten

Isidor Struck

in Liebe und Wehmuth

gewidmet

vom

Verfasser.

Vorbemerkungen.

Seit mehreren Jahren mit der Erforschung des inneren Lebens der Juden in dem deutschen Mittelalter beschäftigt, konnte ich dem Wunsche des Vereins „Sephat Emet", welcher die unter der Leitung des Rabbiners Dr. Hildesheimer hier studirende Jugend für wissenschaftliche Zwecke allwöchentlich zusammenführt, nicht widerstehen, Einiges aus den bereits gewonnenen Resultaten in einem Vortrage mitzutheilen. Dieser, mit zu einem Cyclus von Vorträgen gehörig, welche im verflossenen Winter zum Besten der Bibliothek des erwähnten Vereins vor einem größeren Publikum gehalten wurden, erscheint nunmehr in der nachfolgenden Schrift, allerdings erweitert und ergänzt. Mit Anmerkungen am Schlusse versehen, in welchen Quellen und Belege genau verzeichnet sind, soll damit vorzüglich zu weiterer Nachforschung angeregt werden. Gelingt mir eine solche Anregung, so würde ich zugleich die Aufgabe erfüllt sehen, welche ich mir als Ziel hingestellt habe. Dieses erreichte Ziel würde mich auch darüber Beruhigung finden lassen, daß es mir nicht immer gelingen wollte, im Laufe der Arbeit die Mühsal der Forschung so zu verhüllen, wie ich es wünschte. Wer übrigens nur annähernd weiß, mit welchen Schwierigkeiten diese Forschungen verbunden sind, wie ich häufig ein ganzes, compendiöses Werk durchgehen mußte, um nur eine oder zwei gelegentlich hingeworfene Bemerkungen für meine Schrift aufheben und verwerthen zu können, der wird die Form in meiner Darstellung eher entschuldigen als bemängeln. — Je mehr ich Vorarbeiten vermißt habe, um so förderlicher mußte es mir sein, auf gewissen Pfaden dieses Gebietes eines weisen Führers mich erfreuen zu können. Zunz, in seinem ebenso gehaltvollen als anregenden Werke „Zur Geschichte und Literatur", hat auch für das innere Leben der Juden die Grundzüge in seiner prägnanten Weise gezeichnet und hierbei Fingerzeige zum Fortschreiten gegeben. Was ich seiner Darstellung wörtlich oder dem Sinne nach entnommen, habe ich dankbar angegeben, häufig auch nach anderen mir zugänglich gewesenen Quellen ergänzt.

Was die im Ganzen von mir benutzten Quellenschriften überhaupt betrifft, so waren es insonders einerseits die der Zeit des deutschen Mittelalters angehörigen Responsen=Sammlungen und sonstigen Werke der jüdischen Literatur, wie auch die Monatsschrift für die Geschichte und Wissenschaft des Judenthums von Frankel, anderseits die in den verschiedenen Zeitschriften der deutschen Geschichtsvereine und in den unvergleichlichen mon. germ. von Pertz zerstreuten, auch in den historischen Schriften von Stobbe, Kriegk, Neumann, Briegleb u. A. enthaltenen Mittheilungen über Juden und jüdische Verhältnisse, welche meine Arbeit gefördert haben. Ebenso war ich in der günstigen Lage, auch handschriftliche Quellen benutzen zu können. Die mit „cod. Mon." bezeichneten Handschriften, der Königlichen Bibliothek zu München angehörig, hatte ich Gelegenheit, in dem Hause des Herrn Dr. Steinschneider näher kennen zu lernen. Die mit „cod. Halberstamm" bezeichneten Handschriften, aus der Luzzatto'schen Sammlung herrührend, gehören jetzt dem rühmlichst bekannten Mäcen Herrn S. H. Halberstamm in Bielitz. Die mit „cod. Benzian" bezeichneten Handschriften gehören zu der reichhaltigen Handschriften=Sammlung des Buchhändlers Julius Benzian. Ich nehme gerne Veranlassung, diesen drei Herren meinen aufrichtigen Dank für die Güte und Bereitwilligkeit, mit der sie mir die Handschriften für eine nähere Durchforschung überließen, abzustatten.

Daß ich diese Schrift zugleich als Beitrag für deutsche Cultur=
geschichte bezeichnet habe, dürfte nicht für unrichtig befunden werden,
da ich stets bemüht gewesen bin, gewisse Berührungspunkte des
jüdischen Lebens mit dem seiner nichtjüdischen Umgebung — trotz
Ab= und Ausschließung — nachzuweisen. Für einzelne Partie'n der
deutschen Culturgeschichte selbst habe ich reiche Belehrung aus dem
klassischen Werke Weinhold's „die deutschen Frauen in dem Mittel=
alter" gewinnen können, wie mir auch die „Kostümkunde" von
Weiß für die Darstellung der Tracht, worauf ich später noch ein=
mal näher zurückzukommen gedenke, wesentliche Dienste geleistet hat.
Ich kann hierbei den Wunsch nicht unterdrücken, daß alle die schönen
Vorarbeiten und Monographie'n, welche wir nach dieser Richtung
hin besitzen, recht bald zur Herstellung einer vollständigen Cultur=
geschichte der Deutschen, der wir noch immer entbehren, führen
mögen.

Es gewährte mir ein besonderes Vergnügen, in dieser Schrift
meistens auf die fröhlichen Seiten im jüdischen Leben des Mittel=
alters hinweisen zu können, während man gewöhnt ist, aus diesen
im Allgemeinen durch Rohheit und Gewaltthat sich kennzeichnenden
Zeiten nur von blutigen Scenen zu hören. Ebenso wird es mir
als Act der Pietät und Dankbarkeit gelten, in der nächstfolgenden
Schrift — deren Erscheinen allerdings von der Aufnahme bedingt
ist, welche die gegenwärtige Schrift finden wird — die Namen
der Christen zu verzeichnen, welche in jenen Zeiten durch humane
Gesinnung und edle Handlung für die verfolgten Juden als eine
wirkliche Ausnahme glänzen. Diese zweite Schrift würde das Ma=
terial für andere wichtige Capitel der Culturgeschichte nachweisen.
Ich nenne als Ueberschriften derselben einstweilen nur „Aberglauben",
„Gemeindeverhältnisse", „deutsche Sprache", „Statistik" und „Sy=
noden."

Noch hätte ich über die Grenzen in zeitlicher und räumlicher
Beziehung Rechenschaft zu geben, welche mir bei der Bezeichnung
„deutsches Mittelalter" vorgeschwebt haben. Im Allgemeinen konn=

ten die beiden letzten Jahrhunderte des Mittelalters, welche schon die neue Zeit vorbereiten, mehr berücksichtigt werden, weil in dieser Zeit gerade die ergiebigsten Quellen der Literatur sich uns erschließen. Als Ausgangspunkt des Mittelalters aber galt mir das letzte Viertel des fünfzehnten Jahrhunderts, in welchem u. A. die hebräische Presse ihre Thätigkeit eröffnete und ein Jude (Tipsiles in Augsburg) das Pulver erfunden haben soll, mit dem endlich begonnen werden konnte, in die noch immer hochragende Veste des Mittelalters Bresche zu schießen. In räumlicher Beziehung brauchte ich eine Grenzscheide nicht eintreten zu lassen; denn durch die jüngsten glorreichen Ereignisse im Vaterlande hat sich wiederum ein deutsches Reich, wie es damals, allerdings unter ganz anderen Verhältnissen, bereits vorhanden war, gebildet. Es ist, was in früheren Zeiten gewesen, in unseren Tagen wieder sehnlichst gewünscht, nunmehr endlich glücklich erkämpft und verwirklicht worden

„das ganze Deutschland soll es sein!"

Berlin, Ende Juli 1871.

Berliner.

Das sociale Leben der Juden Deutschlands unter ihren germanischen Mitbürgern können wir bis zu einer gewissen Zeit im Wesentlichen und im Verhältniß zu dem Schicksale, welches ihrer später wartet, als ein nicht durchaus ungünstiges bezeichnen. Wie die Juden schon bei dem Entstehen mancher[1]) Städte einen unentbehrlichen Eckstein ihrer Gründung repräsentiren, so scheint man auch in der Folgezeit sie nicht selten als einen wesentlichen Theil der Einwohnerschaft betrachtet zu haben. Nicht vereinzelt stehen die Beispiele einer besonderen Zuvorkommenheit da, mit welcher man die Juden behandelte. Allerdings war damals der Fanatismus noch nicht in die Massen gedrungen, wie überhaupt eine Manifestation des Volkshasses gegen die Juden bis zur Zeit der Kreuzzüge weniger bekannt geworden ist. Erst mit jenem schauer- und trauervollen Kampfe, in den die christlichen Völker zogen, um ein Grab zu erobern, erst da beginnt es, daß sie auf diesem Wege Tausenden von Lebenden ein offenes Grab bereiten. Es bricht das Mittelalter herein, im schrecklichsten Sinne dieses Wortes, mit allen seinen traurigen Folgen, welche in dem Antritt der Priestergewalt und dem steigenden Ansehen des Mönchthums, in der vereinigten Herrschaft von Faustrecht, Unwissenheit und Sittenlosigkeit sich characterisiren. Gegenüber der rohen Gewalt, welche nunmehr in grausigen Verfolgungen sich zu üben sucht, gewannen die Juden Kraft und Stütze einzig und allein in der festen, beharrlichen Liebe zu der Lehre Gottes und in der mit Muth erfüllenden Erhebung, welche das Leben im Sinne und im Geiste dieser Lehre gewährt. Diese Erhebung war es, welche die Juden des Mittelalters mit Leichtigkeit alle die Martern, in deren Erfindung die Verfolger sich überboten, ertragen, ja häufig nicht einmal empfinden ließ. „So Jemand den festen Entschluß gefaßt hat," behauptet der einer mehrjährigen Haft in Ensisheim 1293 erlegene R. Meir b. Baruch Rothenburg, „in seiner Glaubenstreue standhaft zu bleiben und im nöthigen Falle für dieselbe als Märtyrer zu bluten, empfindet er Nichts von den Qualen der Tortur. Möge man ihn steinigen oder brennen, lebendig vergraben oder hängen — er bleibt empfindungslos, es entfährt nicht einmal ein Wehruf seinen Lippen. Es ist überliefert, daß hierauf die Worte des Weisen (Spr. Salomonis 23, 35) sich beziehen: „Sie schlugen mich, es schmerzt mich nicht! Sie hieben mich, ich weiß es nicht!"²) Eine merkwürdige Uebereinstimmung hiermit bietet der Ausspruch eines Gelehrten der Jetztzeit.³) „Und wenn wir bei Märtyrern staunen über den Gleichmuth, mit dem sie wahre Höllenqualen für eine Idee erdulden können, so liegt die Erklärung dafür zum Theil darin, daß in der That die Idee die Schmerzempfindungen aufzuheben vermag." —

Der Glanz einer solchen überzeugungsvollen und daher todesmuthigen Glaubenstreue zeichnete gerade die deutschen Juden aus und verschaffte ihnen auch in der weiten Ferne einen guten Ruf. „Die heiligen Gemeinden Deutschlands," ruft ein in Frankreich lebender Schüler Raschi's aus „seien alle zu tausendfachem Segen erwähnt, sie sind voll des edelsten Gehalts, in ihren Thaten ausgezeichnet, sie neigen sich nach der erschwerenden Seite bei gesetzlichen Entscheidungen für zweifelhafte Fälle in Bezug auf erlaubten und unerlaubten Genuß."⁴) Diese treue Anhänglichkeit an den väterlichen Glauben erhielt sich während der besseren Zeiten trotz des regeren Verkehrs, in den sie Juden mit Christen treten ließen; sie wich auch nicht in den traurigen Zeiten, in denen solche Treue mit dem Leben gebüßt werden mußte. Zu allen Zeiten ward diese Treue genährt durch die Freudigkeit des gedanklichen Schaffens; im Lehrhause drückte keine Sorge, war kein Trübsinn wahrzunehmen, auch wenn von außen her die Fluthen der Bedrängniß immer höher gingen.

Darum konnte man im jüdischen Hause nicht früh genug damit beginnen, das noch zarte Kind an die Befolgung der religiösen Vorschriften zu gewöhnen und es von jeder Uebertretung fern zu halten. Alles mußte Mittel sein zu dem hochheiligen Zwecke, das Kind in den väterlichen Glauben einzuführen und die Quelle desselben, die Gotteslehre, ihm zugänglich zu machen. Wie jene Mutter⁵) in der alten Zeit die Wiege mit dem darin ruhenden Säugling in das Lehrhaus trägt, damit rechtzeitig sein Ohr an jene Stimmen vom Jordan und Euphrat sich gewöhne und sie Heimathsklänge ihm werden, so singt die Mutter im Mittelalter dem Kindlein religiöse Weisen vor; ihre Schlummerlieder sind hebräische Gebete und Schriftstellen, die jetzt nur einschläfernd wirken, später aber wach erhalten sollen, wach in der finstern, lang andauernden Nacht der Bedrückung. Sie meidet dagegen, Lieder mit heidnischen Anklängen, wie sie in der damaligen Welt gebräuchlich waren, dem wenn auch hierfür noch unerschlossenen Ohre laut werden zu lassen.⁶) Und hat das Kind zu lallen begonnen,⁷) so spricht ihm der Vater als Bekenntniß die biblischen Worte vor „die Lehre hat uns Moses befohlen als Erbtheil der Gemeinde Jacobs", er lehrt ihm, wie es die Augen zudrücken solle, damit es auf die ganze Welt mit ihren Grausamkeiten, auch mit ihren Verlockungen zum Abfall nicht achte, vielmehr immer laut bekenne „höre Israel, der Ewige unser Gott, der Ewige ist einzig." Er schärft ihm frühzeitig das Loosungswort für den bevorstehenden Kampf ein, er rüstet ihn bei Zeiten mit dieser ewigen Wahrheit aus, daß sie ihm ein Schild werde, mit dem er siegen oder auf dem er sterben müsse.

Gewöhnlich mit dem fünften Lebensjahre fing der regelmäßige Schulbesuch an. Am Wochenfeste⁸), dem Tage der einstigen Offenbarung auf Sinai, bei Tagesanbruch brachte man den Kleinen nach der Synagoge oder nach dem Hause des Lehrers. Auf dem Wege dahin verhüllte ihn der Vater mit seinem Mantel, wofür ein ganz eigenthümlicher Grund angegeben wird,⁹) gewiß aber, um jeden schädlichen oder störenden Einfluß der kühlen Morgenluft von dem zarten Kinde fernzuhalten. Der Lehrer nimmt den Knaben auf den Arm, eingedenk jener Schriftstelle „wie der Wärter den Säugling trägt (4. B. M. 11, 12)", zeigt ihm dann eine Tafel von Pergament oder Holz, worauf das hebräische Alphabet, je 4 Buchstaben immer zu einem Worte zusammengefaßt, nebst den Versen aus 5. B. M. 33, 4 und 3. B. M. 1, 1 und den Worten „Die Lehre sei meine Beschäftigung" aufgeschrieben waren. Die Wörter des Alphabets und die Verse werden dem Kinde vorwärts und rückwärts vorgesagt, worauf die Buchstaben mit Honig bestrichen werden, damit es die Süßigkeit mit seiner Zunge koste. Auf einem aus feinem Mehl, Honig, Milch und Oel bereiteten Kuchen standen folgende Verse aus Hesekiel 3, 3: Der Ewige sprach zu mir: „Menschensohn, nähre deinen Bauch und deinen Leib fülle mit dieser Rolle, die ich dir gebe. Ich aß sie und sie war in meinem Munde wie Honig so süß. Ferner (Jesaja 50, 4, 5): Gott der Herr hat mir eine Zunge für Lehrlinge gegeben, daß ich den Müden zu stärken wisse mit dem Wort; er erweckt ja am Morgen, erweckt mir das Ohr wie Lehrlinge zu horchen; Gott der Herr hat mir das Ohr geöffnet, und ich sträube mich nicht, weiche nicht." Außerdem standen noch 8 verschiedene Verse aus dem 119. Psalm auf dem Kuchen, während auf der Schale eines gekochten Eies 4 andere Verse aus diesem Psalme geschrieben waren. Die Inschriften auf Kuchen und Ei wurden mit dem Knaben gelesen; eine kabbalistische Beschwörung des sogenannten Schutzgeistes gegen die Vergeßlichkeit[10]), der jede geistige Beschränkung beseitigt, fehlte hierbei auch nicht, worauf Kuchen und Ei der anwesenden Schülerschaar zum Essen gegeben wurden. Man versprach sich von einem solchen Genusse, daß er dem Kinde eine besondere Fassungskraft verleihe, wie auch der große Piutdichter Kalir von solchen Kuchen (collyris), die sein Vater ihm gegeben, nicht allein den Namen, sondern auch den hellen Geist empfangen haben soll, — wie dem Pindar die Bienen von Hymettos den Mund mit süßer Gesangesgabe füllten, fügt Sachs in seinem herrlichen Buche über die religiöse Poesie der Juden in Spanien (S. 219) hinzu. Nach beendeter Feier für die erste Einführung in den Unterricht geleitete man den Knaben an das Wasser, welches als Symbol für die Gotteslehre, als Quelle aller Erkenntniß, gilt, zugleich als günstige Vorbedeutung, daß sich bei dem Knaben erfüllen werde das Wort der Schrift „es mögen deine Quellen nach Außen hin sich verbreiten" (Sprüche Sal. 5, 16). Dem Jugendunterricht in jeglicher Weise förderlich zu sein, galt für hohes Verdienst. Man hielt es für löblicher, zu diesem Zwecke, als zur Unterhaltung der Synagoge beizutragen.[11]) Alphabete für den ersten Unterricht anzufertigen, die biblischen Bücher oder einzelne Tractate des Talmud zu schreiben und für die Jugend herzugeben, ward als eine Obliegenheit eines jeden Frommen angesehen.[12]) Alles, was nur mit dem Unterrichte in Berührung kommt, galt als heilig; so sollten die Hölzchen, mit denen auf die Buchstaben des Alphabets gezeigt wird, nicht zu profanem Zwecke, z. B. als Zahnstocher, verwendet werden[13]). Die Zeit des Unterrichts sollte durch Nichts gestört oder unterbrochen werden; „selbst wenn der Bau des Tempels zu Jerusalem in Frage stände (als das wichtigste religiös-nationale Ereigniß), darf um deswillen keine Schulversäumniß stattfinden", lautet ein talmudischer Ausspruch (Sabbat 119b). Man hielt den Lehrer, der einzelne Stunden ertheilt, für verpflichtet, einen Stundenanzeiger anzuschaffen, um genau die festgestellte Unterrichtszeit innehalten zu können.[14])

Der Lehrer sollte die individuellen Anlagen der Schüler prüfen und hiernach den Unterrichtsstoff für sie bemessen. „Gewöhne den Knaben nach seiner Weise", sollte als leitender Grundsatz dem Lehrer stets vor Augen sein. Bemerkt er keine Fortschritte des Schülers auf dem schwierigen, talmudischen Gebiete, so sollte er ihn nicht länger mit einem zwecklosen Unterrichte quälen, vielmehr bei dem biblischen Unterrichte verbleiben, nebenbei aber Auszüge aus halachischen Werken, wie auch Commentare zur Schrift und den Vortrag des accentuirten Textes in den Unterrichtsplan eines solchen Schülers aufnehmen[15]). So wurden immer nur Befähigtere zum Studium des Talmud geführt, für das es besondere Lehrstätten gab. Hier widmete sich die reifere Jugend unter der Leitung der Lehrer mit ernstem Fleiße der Forschung, für die nicht allein der ganze Tag, sondern zum Theil auch die Nacht verwendet wurde; ja nicht selten geschah es, daß man auch die Nächte einer ganzen Woche im Lehrhause dem Studium opferte; man begnügte sich, in einer kurzen Unterbrechung dem Schlafe sich zu ergeben und erst in der Sabbatnacht der erquickenden Ruhe vollständig zu genießen[16]). Die studirende Jugend wurde zum größten Theile durch die Unterstützung von Vereinen und Wohlthätern, aber auch durch die Lehrer selbst, bei denen die Schüler nicht selten auch wohnten, unterhalten[16a]). Fremden oder armen Studirenden gab man gerne sogenannte Freitische, eine Sitte, die nicht wenig dazu beitrug, das Interesse für die Wissenschaft in den Familien wach zu erhalten und Gelegenheit bot, Manches in den Gesprächen am Tische zu erfahren, was häufig der Hausherr aus Büchern zu lernen nicht vermochte. Die Liebe zum Thora-Studium blieb in allen Kreisen heimisch; wandten sich auch nicht Alle den specifisch gelehrten Studien zu, so gab es doch in der Heranbildung der Knaben zur Kenntniß des Hebräischen und des väterlichen Glaubens zwischen Reich und Arm keinen Unterschied. „Meine Söhne und Töchter" so heißt es in einem Testamente aus dem 14. Jahrhundert[17]), sollen womöglich in jüdischen Gemeinden wohnen, damit ihre Kinder jüdisches Leben kennen lernen und ihre Söhne, wie auch ihre Töchter, im göttlichen Gesetze unterrichtet werden können; sollten sie auch betteln müssen, um ihre Kinder durch religiösen Unterricht erziehen zu können, und sie nicht an Müßiggang gewöhnen!" Auch die Mädchen, welche schon im zarten Alter von den Müttern nach dem Gotteshause mitgenommen wurden[18]), lernten hebräisch lesen, viele selbst den Pentateuch übersetzen und außer der practischen Uebung der jüdischen Pflichten, zu der alle von frühester Jugend an angehalten wurden, strebte man, ihnen auch eine theoretische Kenntniß vorzüglich der mit dem jüdischen Hauswesen in engster Verbindung stehenden religiösen Vorschriften beizubringen[19]). Viele hatten darin eine so weitgehende Kenntniß sich erworben, daß sie von berühmten Gesetzeslehrern in zweifelhaften Fällen befragt wurden[20]). Im Uebrigen wurde hauptsächlich darauf hingezielt, die Mädchen für das Haus tüchtig heranzubilden. So empfiehlt jener bereits angeführte Vater aus der Mitte des 14. Jahrhunderts in seinem Testamente, daß die Töchter stets im Hause ihre wahre Welt finden mögen, daß sie nicht auslaufen oder an der Thür des Hauses stehend, jeden Vorübergehenden neugierig mit den Blicken verfolgen. (War es ja die liebste Unterhaltung der Frauen, an den Fenstern oder Söllern zu stehen und in die Weite zu schauen, ob auf den Straßen Jemand nahe, der ihnen bunte Kunde in das alltägliche Grau der häuslichen Geschäfte bringe[21]). „Meine Bitte, ja mein Befehl, daß die Frauen nicht müßig sitzen, ohne Beschäftigung; denn Müßiggang führt zu Lastern, sie mögen spinnen, nähen oder kochen." — Ein altes Sittenbuch, der Brandspiegel betitelt, empfiehlt den jüdischen Frauen, Nähnadeln und Zwirn im Hause immer vorräthig zu halten, damit, wenn vor Eintritt des Sabbats am Gewande noch Etwas auszubessern sei, es zeitig und ohne Säumniß geschehen könnte. Characteristisch ist es, wie auf dem Vorderblatte eines alten Buches[22]) bei den verzeichneten Geburtstagen der Knaben der Wunsch folgt: „Gott gebe, daß ich ihn erziehe zur Lehre, zur Verehelichung und zu guten Thaten", statt dessen bei dem Geburtstage der Mädchen der Wunsch ausgedrückt ist: „Gott gebe, daß ich sie erziehe zu nähen, zu spinnen, zu stricken — und zu guten Thaten." Wir lesen auch wirklich von jüdischen Weberinnen, Stickerinnen, Putzmacherinnen, die nicht selten von der christlichen Damenwelt für ihre Toilette in Anspruch genommen wurden[23]). Aber auch nicht minder wurden die jüdischen weiblichen Banquiers aufgesucht, welche oft an der Spitze bedeutender Handelshäuser standen[24]). Jüdische Frauen hausirten auch auf Dörfern und besuchten Marktplätze, doch hielten sich die Mädchen hiervon zurück[25]). Allerdings klingt es noch immer wie eine Reminiscenz aus der Zeit des Minnedienstes, wenn berichtet wird[26]), wie auch jüdische Frauen in der Gefangenschaft von den christlichen Richtern mit besonderer Rücksicht behandelt werden; im Allgemeinen aber hatten die jüdischen Frauen gar viel unter der Sittenlosigkeit des Mittelalters zu leiden. Eine besondere Abgabe leisteten die Juden beim Einzuge des Fürsten in eine Stadt, dafür, daß die mit ihm einziehenden rohen Söldner zurückgehalten wurden, den Frauen die Hüte vom Kopfe zu reißen[26a]). Galt ja als allgemeine Regel[27]), lieber in ein Kloster zu flüchten, als den nachstellenden Barbaren in die Hände fallen. Man erfährt auch oft von Beispielen heldenmüthigen Widerstandes, so z. B.[28]) in Frankfurt am Main, wo in den Mordscenen vom Jahre 1241 eine Braut nebst ihren Schwestern fest und standhaft bleiben, bis ihnen endlich nach mehrfachen Versuchen zu fliehen gelingt. Auch in der traurigen Affaire zu Wien vom Jahre 1421 konnte den, allen Versuchungen zur Untreue widerstehenden Frauen nach ihrer Befreiung aus der Haft, die Rückkehr zu ihren Männern ohne Weiteres gestattet werden[29]). Hören wir auch aus dem Jahre 1271 von einem entgegengesetzten Beispiel[30]), daß nämlich einer jüdischen Frau, während ihr Gatte in die Ferne wandert, um den nöthigen Lebensunterhalt zu gewinnen, ein sträflicher Umgang mit Christen nachgewiesen wird, so war dies doch etwas so Unerhörtes, daß der Vater der Verbrecherin mit den Gelehrten sich berieth, ob er nicht seine Tochter umbringen dürfe, was ihm aber nicht gestattet wurde. Mit Recht hebt ein nichtjüdischer Schriftsteller[31]) „dem durch Saufgelage und unanständige Tanzunterhaltungen hervorgerufenen sittlichen Verfall der löblichen Reichsbürgerschaft gegenüber, hervor die strenge Sittlichkeit, welche in Folge der heiligen Religionsverordnungen und weisen Lehren der Rabbinen innerhalb der israelitischen Gemeinden herrschte". In Mitten einer Gesellschaft, deren Grundlage auch nur des Scheines einer Sittlichkeit entbehrte, in Mitten einer Welt, die mit den Merkmalen der niedrigsten Sittenrohheit und Barbarei behaftet war, in der, mit Weinhold (die deutschen Frauen in dem Mittelalter S. 399) zu sprechen, „die eheliche Treue ein Spott ward, listiger Ehebruch und frevelhafte Unzucht in unzähligen kleinen Gedichten gepriesen und belacht wurden, die Tracht gemein ward und schamlose Gestalten zum Schmuck der Tafel dienten", in solchen Zeiten kann es nur zum hohen Verdienste angerechnet werden, wenn die geistigen Führer der jüdischen Gemeinden in ihrer eifrigen Sorge für reine Sitte und Lebensheiligkeit mit aller Strenge darauf hielten, dem Umgange mit dem anderen Geschlechte einen Character zu verleihen, der unserer heutigen Sitte allerdings fast entfremdet ist, der aber darauf hinzielte, die Reinheit der Sitten zu bewahren und die Keuschheit im ehelichen Leben, von jeher Tugenden des jüdischen Stammes, festzuhalten. Beide Geschlechter waren überall streng von einander getrennt; selbst die auf der Straße spielende Jugend. Aengstlich wurde jede noch so ferne Gelegenheit gemieden[32]), welche irgendwie die Leidenschaft erwecken und zur Verletzung der Sittlichkeit führen könnte. Das Tanzen von Jünglingen mit Mädchen wurde stets gemißbilligt, oft verboten, war selbst bei der Hochzeitsfeier nicht gestattet, indem man auf solches Thun den Vers (Sprüche 11, 21) anwandte: „Hand mit Hand bleibt nicht rein."[33]) Doch nicht immer fand ein solches Verbot Beachtung; das allgemeine Tanzhaus, welches wie die Zünfte, so auch jede rößere Gemeinde[34]) zum geselligen Vergnügen und zur Feier von Familienfesten besaß, vereinigte oft das schöne Geschlecht zum Tanze, wobei die möglichste Pracht entfaltet wurde. Durften ja hier die jüdischen Töchter ohne den mit zwei blauen Streifen kennbar gemachten Schleier erscheinen und die Herren ohne das Radzeichen am Gewande und den hornartig gekrümmten oder trichterartig geformten Hut auf dem Haupte! Dagegen sehen wir hier Damen und Herrn mit den beim Tanze uner= läßlichen, kostbaren Gürteln geziert — wer dergleichen nicht selbst besaß nahm zum Entleihen seine Zuflucht und zahlte gewöhnlich zwei Denare als Leihgeld[35]). Hierbei ereignete es sich einmal, daß von einem solchen Galan, mit dem erborgten Gürtel geschmückt, wiederum eine Dame die Gefälligkeit sich erbat, ihr den Gürtel während des Tanzes zu überlassen, um einige Male an dem Umgange Theil nehmen zu können, (der da= malige Tanz bestand nämlich vorzüglich darin, daß man reihen= oder paarweise Umgänge mit schleifenden, leisen Schritten hielt), wofür der Herr allerdings einen sehr hohen Preis forderte, nämlich nichts anderes, als die Einwilligung, die Dame, unter Ueberlassung dieses Gürtels, als ihm angetraut in Gegenwart der Anwesenden erklären zu dürfen. Ob die Dame es nur als einen Scherz angesehen oder auch als Ernst — genug, sie erklärte sich damit einverstanden und es entstand eine schwierige Aufgabe für die Gelehrten, über die Rechtmäßigkeit eines solchen Modus für Ehestiftung schlüssig zu werden. Jener liebevolle Großvater[36]) wußte in seiner letztwilligen Verordnung für seine Enkelin Nichts Besseres zu hinterlassen, als 20 Wiener Pfund, damit sie einen recht schönen, reich= besetzten Gürtel sich anschaffen könnte. — Die Lust am Leben ging selbst in den drückendsten Zeiten nicht verloren, wie dies vorzüglich aus den Erholungen und den Spielen sich ergiebt, an denen die große Menge Gefallen fand und sich hierdurch ergötzte. Tragen diese Spiele ganz das Gepräge des Heimathlandes, so bekunden sie hierin zugleich, daß in den Fällen, wo nicht gerade das eigentliche Religionsgesetz strikt dagegen sich wandte, das außerjüdische Leben und das tägliche Beispiel trotz aller Abgeschlossenheit nicht wirkungslos blieben. Wird ja schon im Buche der Frommen[37]) behauptet, daß auch die Sitten der nichtjüdischen Umge= bung großen Einfluß auf die Juden hätten und daß da, wo die nicht=

jüdische Welt in Sittenlosigkeit verfallen ist, auch bei den Juden die Moral sinkt. Ganz deutlich läßt sich dies erweisen, wenn man an der Hand der allgemeinen Sittengeschichte die Klagen aus gewissen Zeiten und Gegenden prüft, welche in jüdischen Schriften über Verschlechterung der Sitten auch in Mitten des jüdischen Kreises vernommen werden. Vorzüglich aber läßt sich der Einfluß von außen her in der Leidenschaft des Spiels erkennen. Konnte auch das Würfelspiel[38]), welches bei den Deutschen, wie nicht minder, bei anderen Völkern, sehr beliebt war, bei den Juden sich nicht einbürgern (man sprach einem gewerbsmäßigen Würfelspieler die Fähigkeit ab, glaubwürdiges Zeugniß abzulegen[39]), so war doch das Kartenspielen auch in jüdischen Kreisen heimisch geworden, als nach dem Aufhören des großen Sterbens im Jahre 1349, des sogenannten schwarzen Todes, eine ungeheure Vergnügungs- und Spielsucht die damaligen Menschen ergriffen hatte[40]). Die Gewalt der Leidenschaft wurde immer mächtiger, mächtiger als alle Verbote und Strafandrohungen der Behörden gegen das Spiel. Auch von Seiten der jüdischen Moralprediger wurde gegen das verderbliche Spiel geeifert; allein die Nutzlosigkeit solcher Verbote einsehend, und das menschliche Wesen hierin richtiger erkennend, beriefen sich Andere auf eine Stimme aus alter Zeit, die bereits anempfohlen hatte, bei der Verurtheilung des Spiels gelinder zu urtheilen. Man beschränkte aber das Spiel auf gewisse Zeiten und setzte einen Bann (Cherem) fest gegen die Uebertretung. Im alten Mainzer Gemeindebuch[41]) war bei einer solchen Gelegenheit das Wort חרם absichtlich mit einem כ geschrieben worden, um so den etwaigen heimlichen Uebertreter im Voraus, unbewußt, der himmlischen Strafe zu entziehen. Wie von Seiten der Obrigkeit sehr häufig das Kartenspielen verboten und dasselbe auf gewisse festliche Tage beschränkt wurde, so war man auch jüdischer Seits besorgt, die Anordnung zu treffen, daß nur an gewissen festlichen Tagen, an denen in dem Gottesdienst das Bußgebet ausfällt, das Spielen gestattet sei[42]). Interessant ist es, wie hierbei die Frage in Anregung gebracht wurde, ob dann noch in der Nacht nach dem Schlusse des Weihefestes zu spielen erlaubt wäre[42]). An den Mittelfeiertagen des Passahfestes enthielten sich Manche des Spiels, mit Rücksicht darauf, daß die Karten aus doppeltem, daher mit Sauerteig zusammengeklebtem Papier beständen[43]). Dagegen hielt man es für recht, an den Mittelfeiertagen des Laubhüttenfestes nur in der Laubhütte, nicht außerhalb derselben zu spielen[44]), was man später, als die Spielwuth nicht mehr so mächtig war, als eine Profanisirung der Laubhütte ansehen wollte[45]). In den zehn Bußtagen sollte man nicht spielen[44]), wie es von dem Frommen überhaupt erwartet wurde, das Spiel ganz zu meiden[46]). Aber nicht immer fand eine solche Forderung ihre Berücksichtigung; in den spielsüchtigen Zeiten konnten selbst fromme Gelehrte das Spielen nicht unterlassen[47]), wie sie auch keinen Anstand nahmen, mit Jedermann, selbst mit Apostaten[48]), zu spielen. Man berief sich hierbei zur Entschuldigung auf jenen älteren Ausspruch (o. S. 10), nach dem in den vom Einflusse der Spielwuth beherrschten Zeiten die Schwäche der menschlichen Leidenschaft zu berücksichtigen sei[49]). Das Beispiel eines Spielers und Zechers aus den genußsüchtigen Zeiten des 15. Jahrhunderts führt uns Jakob Weil in seinen Responsen n. 155 vor.

Bei Hochzeiten und andern Festlichkeiten, auch während einer Epidemie, um die Angst vor Ansteckung zu verscheuchen, wurde das Spielen ohne jede Einschränkung gestattet[49]). Den Frauen war erlaubt, bei einer Wöchnerin, aber erst nach zehn Tagen ihrer Genesung, zu spielen[50]), wie es überhaupt Sitte war, eine solche Frau fleißig zu besuchen und ihr die Langeweile zu kürzen. Spiele um Geldgewinn waren aber immerhin gemißbilligt; man war nur hierin gelinder, wenn das Geld zu Genüssen an Festtagen verwendet werden sollte. So spielten auch die Frauen an den Neumondstagen, die noch im Mittelalter namentlich von den Frauen durch Enthaltung von Arbeit und durch sabbatliche Kleidung ausgezeichnet wurden, um den Gewinn von Eiern[51]). Als ein besonders jüdisches Spiel erscheint das Spiel mit Nüssen, das schon in talmudischer Zeit in Damenkreisen sehr beliebt war. Wiewohl es am Sabbattage nicht zu gestatten sei, war man doch später geneigt, bei den Frauen hierin eine Ausnahme zu machen[52]). Spielten doch Mädchen auch zur Vesperzeit des Versöhnungstages, allerdings nicht mehr wie in jener uralten Zeit in den Weinbergen um Freier[53]), doch aber — um Nüsse zu gewinnen und hierbei die Mäßigung an den Tag zu legen, daß sie dieselben nicht genießen[54]). Das Nußspiel war aber auch bei Männern beliebt, um darin Geld zu gewinnen, das aber in einem solchen Spiele nach einem älteren Ausspruche dem Verlierenden wieder zurückgegeben werden müßte. „Ursprünglich, heißt es in dem betreffenden Bescheide[55]), sei nur den Kindern gestattet gewesen, am ersten Pessachtage mit Nüssen zu spielen, nämlich mit den Nüssen, die man, um ihre Wachsamkeit am Sedertische zu erhöhen, ihnen am Abend gegeben hatte. Erwachsene aber sollten dergleichen Zeitverschwendungen meiden und sich vielmehr mit Wichtigerem beschäftigen". Man unterschied im Nußspiel eine zweifache Weise[56]); bei der einen, nicht näher bekannten, benutzte man den Boden eines großen Maaßgefäßes, das Krotel genannt. Die andere Art war die, daß ein Nußhaufen von einer Nuß getroffen und umgeworfen werden mußte. Man nannte dies vlede, eine deutsche Bezeichnung, welche noch zu erklären wäre, die entsprechende französische Benennung wird mit la pourcel („Wurfspiel" nach Du Cange I.) wiedergegeben. — Wie so häufig gegen das Kartenspiel, so wurde auch gegen in gewinnsüchtiger Absicht eingegangene Wetten geeifert[57]). Von andern Spielen, mit denen ein Gewinn verbunden war, werden erwähnt das Spiel „Ganz oder halb", das Reisende bei den Grönländern wiederfanden[58]), ferner das Loosspiel „Rück oder Schneid"[59]), bei dem ein Messer gebraucht wurde. Am meisten geehrt war und erhielt sich in Ansehen das Schachspiel[60]), welches bereits im Talmud erwähnt wird, im Mittelalter vielfach besungen wurde[61]), sogar zu einem Bilde der Regierung gemacht und als Spiegel für Zucht und Lebensweisheit dargestellt wurde[62]). Erst später verbieten es spanisch-türkische Gelehrte und wollen es nur noch als Mittel gegen die Melancholie gestatten[63]). Zu den Unterhaltungen gehörten auch Räthselaufgaben, vorzüglich für die freien Abende des 8tägigen Weihefestes; man stellte aus einer neu gebildeten Reihenfolge der einzelnen Buchstaben im Alphabete oder nach dem Zahlenwerthe derselben eine Räthselschrift her, um vermittelst derselben den Namen einer Person aus der Gesellschaft oder auch die Zahl der an den Abenden des Weihefestes anzuzündenden Lichter anzudeuten. Auch verwendete man hierzu biblische Stellen oder halachische Sätze, wie aus den in einer Handschrift[64]) aus dem 15. Jahrhundert aufbewahrten Proben zu erkennen ist. Diese Art von Scherz- und Räthselschrift ist jedenfalls eine Nachbildung der seit dem 13. Jahrhundert auch in der deutschen Literatur auftretenden Räthselpoesie. Allerdings war ein solches Unterhaltungsmittel nur in den Kreisen gewöhnlich, in denen die Vertrautheit mit hebräischen oder talmudischen Stellen vorhanden war; man entschädigte sich in dieser Weise für alle anderen Gewinnesspiele, denen die größere Menge sich ergab. So wurde auch, als ein angemessenes Unterhaltungsmittel das Spiel mit Versen aus der Schrift empfohlen, daß nämlich der Eine eine Stelle aus der Bibel hersagt, mit dessen Schlußwort der Andere eine neue Schriftstelle beginnt und so fort[65]). In dieser Weise sollte einerseits für alle verpönten Spiele ein Ersatzmittel geboten, andererseits, wenn auch indirect, eine größere Vertrautheit mit der heiligen Schrift erzielt werden. Weniger als Unterhaltungsmittel, mehr als Erforschungsversuch der Zukunft erscheint die Benutzung der Schrift vor dem Beginne eines Unternehmens. Wie man in talmudischer Zeit das aus der Schule kommende Kind nach dem Verse fragte, das es an demselben Tage gelernt hatte, um hieraus eine prophetische Deutung für bevorstehende Ereignisse zu gewinnen (s. Gittin 57b, Midrasch Echa a. m. Stellen), so benutzte man hier die heilige Schrift, indem man sie aufschlug und das erste Wort des Blattes, welches das Auge traf, als Antwort auf die Frage „ob man Dies oder Jenes unternehmen solle" deutete[66]). Einen solchen Gebrauch (unter der Bezeichnung sortes sanctorum) findet man bei den Christen bereits vor dem 8. Jahrhundert[67]). Ebenso scheint die Befragung von sogenannten Loosbüchern, welche darauf ausgehen, auf vorgelegte Fragen über menschliche Angelegenheiten die Zukunft vorherzusagen, indem sie zeigen, wie durch das Loos in jedem gegebenen Falle aus dem Vorrath der in dem Buche enthaltenen Orakelsprüche der rechte zu finden ist, in den jüdischen Kreisen unseres Vaterlandes erst mit dem Beginne des 16. Jahrhunderts beliebt zu werden. Wenigstens sind jüdische Loosbücher aus einer früheren Zeit bisher nicht bekannt geworden[68]). Wir wären hier an ein sehr wichtiges Capitel der Culturgeschichte angelangt, das des Interessanten sehr viel bietet, nämlich das Eindringen von fremden Elementen in die jüdischen Kreise, von mancher Seite, als mit der Strenge der religiösen Anschauung nicht vereinbar, gemißbilligt, von anderer Seite dagegen als ein unschuldiges Mittel zur Beruhigung des beängsteten Gemüths (ähnlich schließt Grimm das Kapitel über den Aberglauben mit den Worten: „Wir sind froh, des vielen Aberglaubens ledig zu gehn, doch erfüllte er das Leben unserer Voreltern nicht allein mit Furcht, sondern auch mit Trost") und daher als unabwehrbare Lebensgewohnheit oder auch als nicht zu der Zahl der im Talmud aufgeführten heidnischen Gebräuche gehörig für zulässig erachtet[69]), näher darzustellen, es verdient dies aber als ein sehr wichtiger Beitrag zur Geschichte des Aberglaubens für eine besondere Abhandlung aufbewahrt zu bleiben. — Wir wollen nunmehr, nachdem wir die Vergnügungen innerhalb des jüdischen Volkslebens dargestellt haben, denjenigen Theil des geselligen Lebens in der Umgebung vorführen, bei dem die heimische Sitte, weil mit der jüdischen Anschauung durchaus nicht vereinbar, Raum und Geltung im jüdischen Kreise sich nicht erringen konnte. Hetzjagden und Thiergefechten nur als Zuschauer beizuwohnen, war zu allen Zeiten verpönt, vielweniger war es gestattet, daran Theil zu nehmen. Schon in talmudischer Zeit galten römische Theater, Circus und ähnliche Lustbarkeiten für werthlose Beschäftigung müßiger Köpfe, auf die der erste Vers der Psalmen anzuwenden sei[70]). Wer im „Stadion", d. h. in der Rennbahn für Wettkämpfe sitzt, der ist ein Blutvergießer, lehren die Rabbinen[71]), während im civilisirten Europa die Stiergefechte noch heute zur Ergötzung des Volkes stattfinden können[72]). Man sprach dem Theilnehmer an Hetzjagden und dergleichen Belustigungen den Antheil am künftigen Leben ab[73]). Nur die Rücksicht, daß durch die Anwesenheit bei den Kämpfen im „Stadion" die Rettung eines jüdischen zum Kampfe Verurtheilten bewerkstelligt werden könne, (weil er schreit, d. h. um Mitleid rufen und das Leben retten kann) ist nach einer im Talmud ausgesprochenen Meinung bedeutsam genug, um dieselbe zu gestatten[72]). Hiermit dürfte in Verbindung stehen und zum Theil verständlich werden eine dunkle Stelle in einem mehrfach lückenhaften Midrasch der Peßikta ed. Buber S. 191 b. Man muß die Stelle daselbst in folgender Weise auffassen: „Sei von den Sehenden", d. h. von den Zuschauern auf der Tribüne, weil man nämlich da vielleicht Gelegenheit finden dürfte, einen zum Kampfe Verurtheilten retten zu können, „und nicht von den Gesehenen", d. h. von den thätigen Theilnehmern an der Hetzjagd[74]). In ähnlich characteristischer Weise motivirte ein mittelalterlicher Autor[75]) die Erlaubniß, einem Wettrennen beizuwohnen oder im Zureiten der Pferde sich zu üben, um nämlich in Gefahren leicht zu Pferde zu sein und um so rascher entfliehen zu können. Das Beispiel eines unverbesserlichen Pferdeliebhabers aus dem 15. Jahrhundert wird uns durch Moses Menz in seiner Responsen-Sammlung n. 73 aufbewahrt. Dagegen dürften wir das Beispiel eines jüdischen Jagdliebhabers wohl nicht finden, wenigstens nicht zu einer Zeit, in der sich die Ansicht geltend machte[76]), daß man bei der Anschaffung eines Pelzes oder neuer Stiefel, den sonst bei neuen Kleidungsstücken üblichen Glückwunsch unterläßt, weil da immer die Tödtung eines Thieres vorausgesetzt werden müsse, Gottes Liebe aber sich über alle seine Geschöpfe erstreckt. Erst bei Schudt (Denkwürdigkeiten I. 395) hören wir, daß der Graf von Hohenlohe-Oehringen seine jüdischen Unterthanen „zu Jagdarbeiten employiren läßt", und bei dem Verfasser des Node bihudo (Theil II. 2, 10) lesen wir von einer an ihn gerichteten Anfrage, ob ein Jude sich gestatten dürfe, das Vergnügen der Jagd zu genießen. R. Ezechiel Landau konnte in seiner Antwort das Befremden nicht unterdrücken, wie ein Nachkomme Abrahams, Isaaks und Jakobs an der Beschäftigung Nimrods und Esaus Gefallen finden könne. Die Mittheilung[77]) im Maaßebuch (ed. Nürnberg, Bl. 49), daß nämlich R. Jehuda der Fromme bis zu seinem achtzehnten Jahre ein Jagdliebhaber gewesen sei und Nichts Anderes gethan habe, „als mit der Armbrust und mit Pfeilbogen zu schießen", erst durch die eindringlichsten Vorstellungen Seitens seines Vaters dahin gebracht worden sei, der Jagd vollständig zu entsagen und sich dem Lernen eifrig zuzuwenden, ist selbst als Sage characteristisch genug, um die schroffen Gegensätze zu bezeichnen, die in der Metamorphose des R. Jehuda sich kundgeben. Dagegen werden wir die Juden nicht selten in der Führung von Waffen geübt und tüchtig finden[78]). War auch im Allgemeinen den Juden verboten, Waffen zu führen, so finden sich doch vereinzelte Spuren, daß sie durch Streitbarkeit und kriegerische Tüchtigkeit ihren christlichen Zeitgenossen Achtung abgewannen. Näheres hierüber hat Karl Seifart in einem Aufsatze „Streitbare Juden im Mittelalter" (in der Zeitschrift für deutsche Kulturgeschichte und hieraus in Jeschurun von Hirsch, Jahrg. 3, abgedruckt) mitgetheilt. Wir ergänzen die dortigen Angaben mit dem Hinweis auf die böhmischen Juden, von denen berichtet wird[79]), daß sie stets bewaffnet einhergehen, die spanischen Juden, die mit dem Könige und seinem Heere in den Kampf ziehen, die wormser Juden, welche, als die Stadt feindlich belagert wurde, gemäß der Entscheidung des R. Elasar selbst am Sabbat die Waffen ergreifen durften, um der Bürgerschaft Beistand zu leisten[80]). Ein von Juden im Jahre 1386 zu Weißenfels veranstaltetes Turnier (vgl. Hecht in Wertheimers Jahrbuch 3 S. 169) wird auch in der Schöppenchronik von Magdeburg als ein Hof bezeichnet, „wo die Juden stachen und tornirten und da der Hof zerginge, da wurden die fremden Juden auf ihrer Heimath verhalten von Claus von Trote und Koler von Krosick und nahmen ihnen groß Gut", allein von Sidori, die Juden in Sachsen S. 26 und nach ihm von Zunz, zur Geschichte S. 184 und synagogale Poesie S. 40 wird es nur als eine Zusammenkunft bezeichnet, zu der sich auch Juden aus entfernten Ländern hinbegaben, die aber bei ihrer Heimkehr von Raubrittern gefangen und geplündert wurden. — Kampfspiele zu Pferde bei der feierlichen Einholung des Bräutigams, wobei es nicht selten zum Zerreißen der Kleidung oder zur Verwundung der Pferde kam, waren bei den französischen und spanischen Juden[81]), wie bei der dortigen christlichen Bevölkerung, heimische Sitte; von den deutschen Juden ist uns dies nicht bekannt geworden, wiewohl auch in Deutschland zur Zeit des ausgebildeten Ritterwesens bei den Hochzeiten der Vornehmen unter den Christen ritterliche Spiele ein bedeutender Theil der Unterhaltung waren.

Vögel aus Liebhaberei zu halten, rechnete man zu den unnützen, eitlen Dingen, deren Kosten besser für Arme zu verwenden wäre[82]), ähnlich wie im Midrasch (Koheleth Rabba VI, 11) Affen, Katzen, Eichhörnchen, Seehunde, Falken u. a. m. zu den unnützen Dingen gerechnet werden, mit denen Manche sich beschäftigen oder an denen man Lust findet. Doch hielten die Juden der Provence abgerichtete Falken[83]) und betrieben mit denselben die Beizjagd, die dort heimisch war. Nach Hai Gaon's Erklärung zu Sabbat 94a, angeführt bei Aruch s. v. דייץ, ist auch im Talmud von dem Falken die Rede, der zur Jagd abgerichtet wird, indem der Jäger zu Pferde sitzt und den Falken bei sich hat, den er beim An= blick eines anderen Vogels losläßt. Die provençalischen Juden wurden daher ermahnt, die Schnur, mit dem der Stoßvogel festgehalten wird, nicht an den Sattelgriff zu knüpfen, weil in dieser Weise zweierlei Zeug= stoffe zusammengebracht werden, was ein Verstoß gegen das Gesetz im 3. Buch Mof. 19, 19. fei.

Haben wir somit die Spiele, Lustbarkeiten und sonstigen Vergnü= gungen im jüdischen Volksleben dargestellt, so wollen wir nunmehr die besonderen Gelegenheiten kennen lernen, welche jene Belustigungen, die in den Erscheinungen des täglichen Lebens eine Abwechselung hervorbrach= ten, zu veranlassen pflegten.

Galt auch im Allgemeinen die nicht allein von den Morallehrern gepredigte, auch von dem Ernste des Lebens eingegebene Forderung, jede übermäßige Freude zu unterdrücken und selbst an Sabbaten und Fest= tagen nur in der religiösen Freude den ächten Ausdruck des gehobenen Gefühls zu suchen und zu finden, so wollte man doch nicht ein durchaus klösterliches, beschauliches Leben empfehlen. „Halte dich von den Extremen fern", ruft R. Jehuda der Fromme aus, „sage nicht, ich will kein Fleisch essen, keinen Wein trinken, keine schöne Wohnung haben, keine anstän= dige Kleidung anlegen, will mich vielmehr wie christliche Mönche mit härnem Gewande umgeben — denn dies wäre ebenfalls ein sündhafter Weg, da Du Dir nur zu versagen hast, was die Schrift zu genießen verbietet[84])". Wir werden daher nicht selten finden, wie unsere mittel= alterlichen Brüder Gelegenheit nahmen, auch einer lauten Freude kräftigen Ausdruck zu leihen. Zwar feierte man nicht Geburtstage, auch nicht sil= berne, goldne oder demantne Hochzeiten, dafür aber solche Zeiten, die mit dem eigentlichen Religionsleben in engster Verbindung standen. So wurde eine besondere Festlichkeit veranstaltet, wenn das Studium eines Talmud-Tractats beendigt war. Der Schluß desselben wurde in Anwesenheit der ganzen Gemeinde vorgetragen, hierauf fand ein Festmahl Statt, an dem sogar im Trauerjahre befindliche Personen, wie an jedem anderen religiösen Feste Theil nehmen durften. Nicht selten verband man damit die Feier eines 60. Geburtstages, den Mancher mit Rücksicht auf einen talmudischen Ausspruch, wie in unseren Tagen den 70., feierlich beging[85]). Man wählte für eine solche Feier häufig den 33. Omertag, den man ohnedies als kleinen Festtag begeht, und an dem man in der allgemeinen Freude in den Rheingegenden auch den Christen Geschenke sandte[86]). Eine besonders laute Festfreude entwickelte sich an dem letzten Tage des Hüttenfestes, an welchem die Vorlesungen aus dem Pentateuch beendet und hierauf von Neuem begonnen werden. In Sachsen pflegte Derjenige, welcher die Vorlesungen beschloß, ein Festmahl der ganzen Gemeinde zu geben, wobei es mit Süßigkeiten und fettem Geflügelwerk sehr flott herging, nachdem die Honoratioren den Ehren-Bräutigam der Thora, wie man ihn nannte, feierlichst nach Hause geleitet hatten[87]). Die Frauen ließen es sich nicht verbieten, am Feste selbst Früchte von Nichtjuden holen zu lassen, um sie bei dem feierlichen Umgange in der Synagoge unter die Jugend, zu großer Ergötzlichkeit derselben, zu werfen[88]). Eine andere eigenthümliche Freude bereitete sich die Jugend an diesem Tage, indem sie von Haus zu Haus lief, alle am Feste gebrauchte Bachweiden sammelte und damit ein großes Feuer unterhielt. Man nahm sogar hierzu das Material der Laubhütte; erregte es auch das Mißfallen mancher Gelehrten, wie z. B. des Vaters von Jakob Lewi (am Schlusse des 14. Jahrhunderts) und des Jakob Weil[89]), so war es wiederum der Sohn des Ersteren, der Verfasser des sogenannten Maharil, der sich hierbei mit der Jugend gar sehr freuen und sogar selbst ihr das Material der Laubhütte überweisen konnte, sie zugleich aneifernd, das Material der anderen Laubhütten herbeizuschaffen. Ein besonderer Eifer entwickelte sich in dem Arangement für die häufig mit einer gewissen Komik verbundene Freude am Weihefeste und an Purim, an dem es nicht selten vorkam, daß in der ausgelassensten Ungebundenheit Einer vom Andern fortgerissen wurde, ähnlich wie bei dem Schönbartlaufen jener Zeit. Es herrschte an diesem Tage ein gewisser Communismus, überall fand man einladende, freie Tafel und ausdrücklich wird betont, daß die erwachsene Jugend für manche Ausschreitungen in solcher Freude zur gerichtlichen Verantwortung nicht gezogen werden dürfe[90]). Man bedachte bei der Vertheilung von Liebesgaben an diesem Tage auch christliche Arme, man hielt sich um so mehr dazu verpflichtet, da diese das ganze Jahr hindurch zu gewissen Dienstleistungen am Sabbat bereitwillig sich fanden[91]). Verkleidungen waren am Chanuka, Purim und bei Hochzeiten sehr gewöhnlich, wie im Mittelalter überhaupt die Lust zu Verkleidungen und Vermummungen mit festlicher Ausgelassenheit allgemein war, daher auch nicht zur Zufriedenheit der frommen Gesetzeslehrer, welche solche Verkleidungen nur in Gefahren der Verfolgungen gestatten wollten[92]). Hört man doch in Wirklichkeit, wie in solchen Zeiten, um unerkannt zu bleiben, von Juden Mönchskleidung angelegt wurde, eine jüdische Frau aus dem Haare ihrer Freundin einen Bart sich fertigte, um als Mann gelten und den Nachstellungen der Barbaren entgehen zu können, wie man auch aus diesem Grunde einer Frau gestatten wollte, zur Zeit der Gefahr die Kleidung einer Nonne anlegen, selbst ein Schwert umgürten zu dürfen[93]).

Doch wenden wir uns hiervon ab, kehren wir vielmehr zu unserm Thema zurück, unsere Ahnen in ihrer Lebenslust zu belauschen. Ward ja diese täglich, selbst in den Zeiten trübsten Elends und schmerzlichster Bedrückung, genährt, einerseits durch die Freude, welche das Studium der Gotteslehre ihren Verehrern gewährt, andererseits durch den Gottesdienst, welcher an jedem Tage unverändert mit denselben Lobeshymnen an die Gottheit beginnt und schafft, daß die Noth des drängenden Moments die religiöse und mit ihr zugleich die freudige Stimmung nie verkümmert. Vorzüglich aber waren es die Sabbate und die Festtage, die im trauten Familienkreise die Freude erzeugte, der nur das ächt jüdische Leben fähig ist, von der aber Viele in unsern Tagen erst aus den Federzeichnungen der Novellisten Etwas erfahren mögen. — Zur Erhöhung des Lebensgenusses trug vorzüglich die Freude des Behagens am wohnlichen Räume bei, im Allgemeinen erst mit dem, seit dem 15. Jahrhundert wachsenden Lebensgenuß sich fühlbar machend, bei den Juden aber zu allen Zeiten herrschend, was bei dem innigen Familienleben (dem die reichsten und reinsten Quellen des Sittlichen entspringen[93a]) und der vielfach geistigen Beschäftigung derselben leicht erklärlich ist. Man unterschied zwei Wohnungsräume[94]), zu deren Seiten sich Bänke zogen, nämlich das heizbare Winterhaus, welches nicht selten Wohn=, Speise= und Schlafstube in sich vereinigte, und das Sommerhaus, auch Vorhaus genannt, wo man im Sommer speiste und studirte; es war dieses aus den weitvorspringenden Erkern gebildet, mit welchem man die Häuser versah. — Wir können nicht unterlassen, bei dieser Gelegenheit, so weit unsere Kenntniß es gestattet, uns ein wenig in der Wohnung unserer mittelalterlichen Brüder umzuschauen. Die wohnlichen Räume schmückte man zu Ehren des Sabbat mit Baumzweigen; am Wochenfeste, also zur Zeit der bereits im Blumenschmuck prangenden Natur, bestreute man auch den Estrich des Gotteshauses mit angenehm duftenden Pflanzen und Rosen[95]). Ebenso entwickelte man einen besonderen Eifer in dem Ausschmücken der Laubhütte mit Blumen und Laubgewinden[95a]) Es ist überhaupt das Wohlgefallen an Pflanzen=Cultur bei unseren Altvordern hervorzuheben, wie auch oft um das Gotteshaus herum ein Gärtchen sich zog[96]). Die Synagoge zu Cöln hatte im zwölften Jahrhundert Glasmalerei in ihren Fensterscheiben; an den Wänden derselben sah man Löwen und Schlangen gemalt. Auch auf den Decken des Tisches auf der Emporbühne waren Abbildungen von Vögeln und Fischen[97]), wie solche noch in den uns erhaltenen Handschriften oft zu sehen sind. Ebenso sind gemalte[98]) Zimmer nachweisbar, dagegen weniger eine Bildnißdarstellung zu etwaigem Zimmerschmuck, wiewol der Gebrauch, die Wände mit historischen Bildern, wie z. B. mit der Geschichte der Opferung Isaaks oder des Kampfes mit dem Riesen Goliath zu bemalen und hierunter die Geschichte selbst in Kürze zu vermerken, in jüdischen Quellen[99]) erwähnt wird. Während mit dem 16. Jahrhundert in Deutschland die Bildnißmalerei zu einem selbstständigen Kunstzweige sich entfaltet und gegen Ende desselben Jahrhunderts die wohnräumliche Ausstattung durch Bildnisse allgemeinere

Verbreitung findet, wird uns ein Portrait aus jüdischen Kreisen Deutschland's erst mit dem 18. Jahrhundert bekannt[100]); bei den italienischen Juden dagegen finden wir bereits zu Ende des 15. Jahrhunderts ein Bildniß, nämlich das des Rabbiners Juda Menz in der Aula der Universität zu Padua.[101])

In den Räumen bemerkte man überall die größte Reinlichkeit, die schon von der, nach gewissen religiösen Vorschriften geordneten Lebensweise gefordert wird; man hielt übrigens Reinlichkeit als das beste Mittel, den Ausbruch von Krankheiten fern zu halten, wie in der That zur Zeit der herrschenden Epidemie'n eine geringere Sterblichkeit unter den Juden vorkam und dadurch der Verdacht der Brunnenvergiftung gegen sie hervor gerufen wurde. Vorzüglich war man am Freitag geschäftig, um zu Ehren des Sabbat Alles fein säuberlich herzurichten. Mit dem Eintritt des Freitagabends wandelte sich auch die ärmlichste Hütte in einen Palast voll Seligkeit und Wonne. „Steigt die Sabbatlamp' herab, wendet Noth und Sorg sich ab". Die von der Decke des Zimmers über der Mitte des Tisches herabhängende siebenzackige Lampe wurde nämlich vor Eintritt des Sabbat herabgelassen und nach Sabbat-Ausgang wieder hinaufgezogen, und es ist bezeichnend das altjüdische Sprichwort, welches sich hiervon gebildet hat: „Lamp' herunter, Sorg' hinauf![102])" — Interessant ist die Schilderung des Chronisten Anselmus de Parengar im 15. Jahrhundert[103]), die er uns von der Wohnung des Hochmeisters Samuel Belassar zu Regensburg hinterlassen hat: „Das Haus, von außen ein schwarzgrauer, moosiger, in Untermischung mit kleinen und großen dicht verstabten Fenstern versehener anwidernder Steinhaufe, kaum wohnlich scheinend, hatte einen mehr denn 80 Fuß langen, am Sabbate nur sparsam erleuchteten Gang, der zu einer dunkeln, halb verfallenen Wendeltreppe führte, von da man, rabenschwarzer Nacht wegen, an den Wänden bis zum Hintergebäude sich fortschleppen mußte. Eine wohlverwahrte Pforte that sich auf und man trat in ein mit Blumen freundlich geschmücktes, an Glanz, Werth und Herrlichkeit reiches Gemach. Dieses, an den Wänden mit fein politrtem Holze getäfelt und geziert, mit bunten wellenförmig verschlungenen Vorhängen und künstlichem Schnitzwerk, war des Hof-

meisters Haustempel, worin das Sabbatfest begangen wurde unter dem Wechsel religiöser Handlungen mit lieblichen Genüssen. Ein werthvoller, bunt=bilderreicher Teppich bedeckte den blank gescheuerten Boden, eine brennendrothe, feinwollige Decke den runden, auf vergoldeten Füßen ru=
henden Tisch und über ihnen schwebte, an glänzender Metallkette be=
festigt, der siebenarmige Leuchter; blinkend wie aus dem Gusse und aus sieben Lampen einen Lichtstrom ausströmend. Den Festmahlstisch, ge=
schmückt mit silbernen Bechern von schwerem Gewicht und von Meister=
hand gefertigt, umstanden Stühle von hohen, goldverzierten Lehnen und Polstern von geschorenem Sammt. In einer Nische lud das massiv silberne Waschbecken mit dem reichvergoldeten Hahne zu den satzungs=
mäßigen Handwaschungen ein und die feinsten Linnen, seidendurchwebt, von hohem Preise, trockneten die gereinigten Hände. Ein meisterhaft eingelegter Eichentisch, von Blumengewinden umgürtet, mit den Fest=
speisen und dem glänzenden Weinkruge besetzt, ein Ruhebett in oriental=
ischem Geschmacke mit schwellenden Seidenpolstern und ein Silberschrank, gefüllt mit Kleinodien, Goldketten und Spangen, vergoldeten und silber=
nen Gefäßen und seltenen hochgiltigen Alterthümern waren der reiche Rahmen, der dieses Gebilde des Glanzes, der Pracht und Herrlichkeit des hochmeisterlichen Haustempels würdig umschloß". Allerdings paßt diese Schilderung nicht für ein jedes Haus; doch auch der Aermste war bemüht, den Sabbat äußerlich zu schmücken und auszuzeichnen. Dazu gehörten auch die drei Hauptmahlzeiten des Tages, nämlich am Freitag Abend, am Sonnabend zu Mittag und die dritte Mahlzeit vor Abend, wenn diese nicht, wie es besonders im Winter geschah, unmittelbar nach der zweiten Mahlzeit als Nachtisch folgte[104]). Am Freitag Abend speiste man gewöhnlich Pasteten und Fische mit der im Mittel=
alter so sehr beliebten Pfefferbrühe[105]). An diesem Abende fand besonders die studirende Jugend Zeit und Gelegenheit zur geselligen Unterhaltung[106]). Am Tage, nach beendigtem Gottesdienste, stattete man Kranken oder Trauernden Besuche ab und setzte sich dann zu Tische[107]). Man nannte diese Mahlzeit sur table, die in dem Ofen des Winterhauses bewahrten Speisen aber schalent, d. h. Gewärmtes[108]). Die dritte Mahlzeit, zum

Vesper, genannt marendar, bestand in Fischen oder Geflügel, auch in Pasteten und Früchten[109]); am Rhein genoß man hart gekochte Eier mit Petersilie und Essig[110]). Am Nachmittage pflegte man einen Spaziergang zu machen, gewöhnlich an's Wasser, wo man gerne dem Spiel der Fische zusah, denen man Krümchen zuwarf[111]) und wobei man sich gar sehr freuen konnte, wenn die Fische an die Oberfläche kamen, um die Brosamen zu erhaschen[112]). Ob hiermit die Entstehung des erst von dem Verfasser des Maharil erwähnten Gebrauchs, am Neujahrstage an's Wasser zu gehen, in Verbindung steht, läßt sich vermuthen. Man versammelte sich auch gerne, um im traulichen Kreise, häufig auf Bauhölzern lagernd, zu politisiren, d. h. Neuigkeiten von den Potentaten und deren blutigem Handwerk zu erzählen[113]). Las man doch auch gerne Kriegshistorien und nahm Partei für diesen oder jenen Machthaber[114]). Einen wesentlichen Bestandtheil der Volkslectüre aber bildeten Sittenschriften und die Testamente großer Männer[116]), welche einen nicht zu unterschätzenden Einfluß auf den sittlichen Zustand der Juden übten, inmitten einer nichtjüdischen Umgebung, deren Leben um seine sittliche Färbung keineswegs zu beneiden war. Es kann hier nicht unsere Absicht sein, auf die eigentliche Volksliteratur und die Lectüre der deutschen Juden näher einzugehen; reiche Belehrung hierüber bietet Dr. Steinschneider in seiner Monographie „über die Volksliteratur der Juden".

So suchten unsere Altvordern zu einer Zeit, wo man nicht hatte, was den stets wiederkehrenden allgemeinen Unterhaltungen und Vergnügungen unserer Zeit entsprach, ihres Lebens sich zu freuen, so lange sie von außen her nicht darin aufgeschreckt wurden. Am meisten galt es, bei einer Hochzeit Freude laut werden zu lassen. Galt es ja von jeher als religiöse Liebespflicht eines jeden Einzelnen, zur Vermehrung der Freuden eines Brautpaares beizutragen. Bevor wir hier die nähere Schilderung eines Hochzeitsfestes aus jener Zeit folgen lassen, möge zuvörderst eine kurze Darstellung folgen, in welcher Weise man überhaupt bei der Stiftung eines ehelichen Verhältnisses verfuhr. Die Besseren sahen da nicht auf Geld allein, sondern auf die guten Sitten des Mädchens und den Lebenswandel seiner Brüder, vorzüglich sah man auf eine makellose Abstammung. Eine Verbindung, die der Neigung der jungen Leute zuwider war, wurde durchaus nicht gebilligt[116]). Verbindungen, wie sie die höfische Zeit mit ihrem Minnedienste erzeugte, waren dort nicht möglich, wo alle Verhältnisse im Leben und namentlich die der Familie streng und ganz im religiösen Sinne aufgefaßt wurden. Der Minnedienst mit dem Frauenraub und sonstigen Abenteuern waren den jüdischen Kreisen fremd geblieben. Wenn auch der junge Mann die Gattin ins Haus führte, ohne vorher in formeller Weise die Zuneigung der Liebe erklärt zu haben, nichts desto weniger liebte er sie in der That. Er folgte darin dem Beispiele des Stammvaters Isaak, von dem die Schrift (1. B. M. 24, 67) erzählt: „Er brachte die Rebecka in's Haus, er nahm sie zum Weibe — und er liebte sie". Die Behandlung der Frau blieb immer liebevoll, es herrschte Einigkeit in den Ehen, man hielt es für schimpflich, seine Frau zu beleidigen oder zu kränken und einem Manne, dessen Frau der Kummer über schlechte Behandlung getödtet, wollte man das Recht absprechen, sie zu beerben[117]). Von Jacob Levi wird mitgetheilt[118]), daß er von seiner Frau, die er als Wittwe geheirathet, nie anders als mit der ehrwürdigen, in der Blüthezeit des Mittelalters mit „Herrin" und nur Weibern höheren Standes zukommenden Bezeichnung „min Hußfruwe", d. h. meine Hausfrau, gesprochen habe. (Eben so sprach derselbe von seinem Hauptlehrer R. Schalom aus Neustadt nie anders als „mein Meister",[119]) eine in jener Zeit neben „Magister" gewöhnliche Benennung für ausgezeichnete Lehrer.) Bei der starken Familiengemeinschaft, die zu unserer heutigen Zerfahrenheit und den gelockerten häuslichen Zuständen in bitterem Gegensatze steht, war der Wille des Vaters, im Todesfalle der des ältesten Bruders, als Haupt der Familie verehrt, besonders bei Eingehung einer Ehe entscheidend, aber immer unter Berücksichtigung des eigenen Willens der zu verheirathenden Person. Bei den Frühheirathen, welche immer empfohlen waren, fing der Vater recht zeitig an, seine Sorge hierauf zu lenken. Zur Ausführung waren ihm besondere Vermittler behülflich, als Agenten des Himmels, in welchem alle Ehen, wenn auch nicht, wie das Sprichwort sagt, geschlossen, aber doch beschlossen werden. Von solchen Vermittlern wußte man, daß sie gewöhnlich in der Darstellung der Verhältnisse übertreiben[120]), um zuvörderst zum näheren Eingehen in die vorgetragene Sache anzuregen. War die Parthie zu Stande gekommen, so erhielten die Vermittler ein Honorar, welches in Oestreich erst nach der Hochzeit, in der Rheingegend aber schon bei der Verlobung ausgezahlt wurde.[121]) Ein besonderes Vertrauen für solche Vermittelungen besaß der in jener Zeit allgemein bekannte Rabbiner Jakob Lewi in Mainz, an den man sich sehr gern wandte, um geeignete Vorschläge entgegenzunehmen. Ein Zeitgenosse schildert den Respect[122]), den man für einen von Seiten dieses Gelehrten gemachten Vorschlag hegte, mit jenen Worten Hiobs: „Auf mich hörten sie und harrten, und warteten schweigend auf meinen Rath. Nach meinem Worte sprachen sie nicht wider und auf sie träufelte meine Rede". Man honorirte Lewi's Bemühungen in solchem Falle reichlicher wie sonst und die Revenue bildete zum größten Theil seinen Lebensunterhalt, während das Gehalt, welches die Gemeinde an ihn zu zahlen hatte, für seine Hochschule verwendet wurde. Waren die Präliminarien, über welche mit den Angehörigen verhandelt wurden, festgestellt, so schritt man zur Verlobung im heutigen Sinne des Wortes, da die talmudische Sitte, nach erfolgter Verabredung Verlobung und Trauung an einem und demselben Tage hintereinander zu begehen und das Hochzeitsfest erst später folgen zu lassen, im Mittelalter nur selten noch vorkam[123]). Die Verlobung war mit dem Augenblicke, wo ein Reugeld für die etwa zurücktretende Parthei festgesetzt war, als geschlossen anzusehen, worauf die Verwandten der Brautleute mit verschiedenem Backwerk bewirthet, auch mit großen, runden Faltenkragen beschenkt wurden[124]). Die Ueberreichung der Geschenke an die Braut, welche gewöhnlich am Vorabend des bestimmten Hochzeitstages erfolgte, veranlaßte eine besondere Feierlichkeit[125]). Da erschien der Rabbiner in Begleitung der Vornehmsten aus der Gemeinde und redete die geschmückte Braut mit den Worten an: „Höre mich an, holde Braut, dein Bräutigam sendet dir durch mich die Geschenke, die du aber erst nach vollzogener Trauung als dein unbeschränktes Eigenthum betrachten mögest". Züchtig blickt die Braut zur Seite, sie schämt sich, sträubt sich, die Geschenke anzunehmen und ersucht dann eine Frau aus der Gesellschaft, die Geschenke in Empfang zu nehmen. Solche Geschenke, in der talmudischen Zeit unter dem Namen „Siflonoth" bekannt, bestanden, wie es auch in der nichtjüdischen Welt des Mittelalters zum größten Theil Brauch war, in einem mit Gold besetzten Gürtel, in Schleier, Kürsen und Kränzel, für den Bräutigam in Ring und Schuhen, wozu gewöhnlich die Mutter der Braut einen mit Silber besetzten Gürtel fügte[126]). Eine andere Vorfeier der Hochzeit fand an dem der Hochzeit vorangehenden Freitagabend Statt, nämlich eine das ganze Fest einleitende Lustbarkeit zu Ehren der Eltern des Brautpaares, wobei besonders Nüsse vertheilt wurden. Diese Feier nannte man „Vorspiel", meistens aber Spinolz, ein Name, welcher mit dem italienischen spinalzare, spielen und sich belustigen, den Ursprung dieser Sitte in Italien suchen läßt[127]). — Achtete man auch sorgfältig darauf daß nicht zwei Hochzeiten an einem Tage stattfinden sollten, selbst nicht eine jüdische Hochzeit mit einer christlichen[128]), so war man doch bei der Wahl des Tages für eine Hochzeitsfeier durchaus nicht von jenem Aberglauben geleitet, der die Deutschen[129]), bei denen, wie bei keinem anderen Volke, Tagwählerei heimisch ist, in dem Dienstag, als an dem vor allem bösen Einfluß gesicherten Tage, den der Eheftiftung günstigsten Tag erblicken läßt. Es ist dies ein Aberglaube, der sogar in unserer Zeit noch, auch von Juden, festgehalten und hinterher mit einem Hinweis auf den Umstand begründet zu werden pflegt, daß in der Schöpfungsgeschichte das Werk des dritten Tages zweimal mit dem Prädicat „es war gut" bezeichnet ist. Es ist mehr als lächerlich, wenn auch in der Gegenwart in Häusern, denen jede ächte jüdische Sitte längst fremd geworden ist, mit Aengstlichkeit darauf gehalten wird, bei der Verheirathung der Töchter nur ja den Dienstag als den Glückstag zu wählen. Wenn, wie in talmudischer Zeit aus temporären Gründen[130]), so auch in manchen Gegenden des Mittelalters gewöhnlich der Mittwoch zu solchem Zwecke ausersehen war, so waren hierbei lokale Gründe leitend; damit nämlich die Gäste von außerhalb noch zeitig auf die Heimreise sich begeben und vor Eintritt des Sabbat wieder zu Hause sein konnten. In den größeren Gemeinden dagegen, wo für entsprechende Räumlichkeiten zur Unterbringung von Gästen eher gesorgt werden konnte, wurden, wie es noch

27

heute bei den Juden in den östlichen Ländern der Brauch ist, die Hoch=
zeiten gewöhnlich am Freitag gehalten[131]), obgleich bereits in talmudischer
Zeit sich Stimmen gegen den Freitag als Hochzeitstag erhoben[132]). Wenn
hierbei ein mehr von kabbalistischem Einfluß beherrschter Autor erwähnt,
daß von Vielen dieser Tag deshalb gewählt werde, weil er der Venus
oder Freia geweiht ist[133]), so wird doch von anderer maßgebender Seite
ausdrücklich erklärt, man habe diesem Tage nur mit Rücksicht auf die
Unbemittelten den Vorzug gegeben, um nämlich öconomisch die Feier mit
dem unmittelbar darauf eintretenden Sabbat vereinigen zu können. Um
nun aber einen Unterschied, welcher die Armen nur beschämen würde, zu
vermeiden, wählen auch die Reichen den Freitag für die Feier einer
Hochzeit. Daß sich um das Hochzeitsfest eine Menge Gebräuche sam=
melten, indem man häufig nach den verschiedenen Sitten der Landestheile
geschäftig war, es möglichst zu schmücken und auszuzeichnen, ist wohl er=
klärlich. Die Schilderung einer Hochzeit[134]), wie sie am Schlusse des
14. Jahrhunderts in Mainz gefeiert wurde, wird uns ein ziemlich allge=
meines Bild von der jüdischen Hochzeitsfeier jener Zeit überhaupt geben. —

Am Freitag in aller Frühe ruft der Synagogen=Diener zur Sy=
nagogen=Andacht und ladet hierbei zugleich die ganze Gemeinde zum
Mayen, d. h. zur Feier ein. Alle sollten Theil nehmen an einer solchen
Feierlichkeit, die deshalb auch einen privaten Character nicht trug, viel=
mehr als allgemeine Freude von Allen mitempfunden und geäußert
wurde[135]). Der Rabbiner und die Honoratioren zur Seite des Bräutigams,
die ganze Gemeinde im Gefolge, begeben sich mit Vortragung von ge=
flochtenen Kerzen[136]) und unter Begleitung der Musiktöne, die nicht selten
auf der Straße zum Tanze anregten, in den Synagogen=Vorhof. Hier=
auf holen die Träger der Kerzen und die Musikanten die Braut mit deren
Freundinnen, geleitet von den Frauen[137]), feierlichst ab. Ist die Braut im
Synagogen=Hof angelangt, wird ihr der Bräntigam von dem Rabbiner
und den Vornehmen aus der Gemeinde entgegengeführt, der Bräntigam
erfaßt die Hand der Braut, die Anwesenden bestreuen sie Beide mit
Weizenkörnern, ihnen hierbei die Psalmworte zurufend: „Er umgebe
dein Gebiet mit Frieden, sättige dich mit dem Mark des Weizens".

Unter die Körner wurden auch Geldmünzen gemischt, damit die Armen sie aufsammeln könnten. Hand in Hand geht dann das Brautpaar bis zur Thüre der Synagoge, wo es sich ein wenig niederläßt. Nachdem es so vereint einige Augenblicke auf der Bank zugebracht, wird die Braut nach Hause geleitet, damit sie ihre Toilette vollende. Sie legt an ihrem Ehrentage statt des gewöhnlichen Ueberrockes die Kursen an, welche die verheiratheten Frauen an Festtagen zu tragen pflegten. Es war dies ein ziemlich weiter Ueberwurf, bei dem die Aermel eng anlagen, mit Pelzwerk gefüttert und mit Seide überzogen. Der Ueberzug war gewöhnlich so kostbar gestickt, als das Pelzwerk werthvoll war. Das Sargenes[137a]), ein weißes Kleid, welches die Braut über alle ihre Kleider anzieht, soll die Freude des Tages mäßigen und wehmüthige Erinnerungen hervorrufen. Das Gesicht verschleiert, wie einst Rebecka in der Nähe Isaaks, das Haupt verhüllt, — weshalb auch von einem Kranzschmuck, der sonst bereits im Alterthum gebräuchlich[137b]), nicht die Rede ist, — sollte die Braut in der größten Freude ihres Lebens, dem Ausspruch des Psalmisten folgend: „Wenn ich, Jerusalem, nicht dein gedächte, wenn ich dich nicht erhebe auf den Gipfel meiner Freude", zugleich an die allgemeine Trauer um Zion mahnen. Auch der Bräutigam bekundet diese schmerzvolle Theilnahme an der Trauer der Gesammtheit. Im sabbatlichen Anzuge zwar, erscheint er jedoch mit seiner Kopfbedeckung wie ein Leidtragender. Er trägt die Kappe, ein Gewand mit offenen Halbärmeln, mit Kragen und Kapuze versehen. Letztere, in den Quellen Mitron, zu deutsch Gugel, genannt, zieht er heute, wie in der Trauer, über den Kopf, nachdem die Stelle am Haupte, wo sonst der Schmuck der Tefillin ihn ziert, mit Asche bestreut worden. Hat der Bräutigam neben der heiligen Lade, an der nordöstlichen Seite, den Ehrensitz eingenommen, beginnt man mit dem Morgengottesdienst, worauf unmittelbar nach dem Gebete die Trauung folgt. Die Braut wird unter Musikklängen bis zur Pforte der Synagoge geführt und während sie daselbst verweilt, holt der Rabbiner den Bräutigam ab und geleitet ihn zur Emporbühne in der Mitte der Synagoge. Hierauf begiebt sich der Rabbiner in Begleitung der Vornehmsten aus der Gemeinde zur Synagogenpforte, um die Braut feierlichst einzuholen. Der Bräutigam faßt die Braut beim Kleide an und führt sie zu Rechten des Bräutigams. Die Mutter des Letzteren sowohl, als die der Braut stehen während des ganzen Trauacts auf der Emporbühne. Mit dem Talith, dem Gebetmantel, den nach rheinischer Sitte der Bräutigam heute überhaupt zum ersten Male umlegt, oder auch mit dem langen Zipfel, der von der Mitra des Bräutigams herabhängt, wird das Brautpaar eingehüllt und es geht so der Trauungsact vor sich. Nach Beendigung desselben erfolgen die Glückwünsche für das Brautpaar, man wünscht eine reich gesegnete Ehe [138]), erst im 15. Jahrhundert hört man den noch heute üblichen Glückwunsch טוב מזל [139]), worauf man sich beeilt, den Bräutigam zuerst nach Hause zu geleiten, damit er nachher der Braut bis an das Thor entgegengehe, ihre Hand ergreife und dieselbe auf die obere Pfoste lege, um sie so im Bereiche des Hauses als nunmehrige Gebieterin zu proclamiren. [140]) Nicht selten wurde aber die Trauung erst gegen Abend vorgenommen. [141]) Das eigentliche Fest im sogenannten Tanzhause begann jedenfalls erst am Abend selbst, dauerte aber dann, mit alleiniger Unterbrechung durch den Gottesdienst am Vormittage des Sabbattages, bis zum Sonntag Morgens, indem die Hauptmahlzeit am Sabbat zur Vesperzeit begann, [141a]) und gewöhnlich in der Nacht des Sabbat-Ausgangs häufig aber auch schon am Nachmittage des Sabbat selbst der Tanz stattfand. Ausschreitungen, welche die Ungebundenheit bei solcher Gelegenheit hervorrief, war die Ursache, daß man unter die Zahl der Verordnungen des Rab. Gerschom die Bestimmung aufnahm, daß die Jugend, welche oft Erpressungen sich erlaube, nicht mehr als 6 Denare von dem Bräutigam zu nehmen habe und daß sie von Niemandem irgend Etwas heimlich entwenden dürfe. [142]) Der Gottesdienst am Freitagabend wird im Hause des Bräutigams von der erwachsenen Jugend abgehalten. Zu dem Gottesdienst am Sabbat Vormittag wird der Bräutigam wiederum von den Honoratioren der Gemeinde feierlichst eingeholt, er erhält mit seinen Beiständen, die ihm von den Eltern des Brautpaares zur Seite gegeben werden, Ehrensitze in der Nähe der heiligen Lade. Er genießt mit seinen Beiständen gewisse liturgische Vorrechte und bildet auch im Gottesdienst den Glanzpunkt des Tages. Beim feierlichen Aufruf zur Thora-Vorlesung begleiten ihn die Beistände; er spendet bei dieser Gelegenheit zum Besten des Jugendunterrichts und der Ausstattung armer Bräute, weihet zugleich seinem Ehrentage zum Andenken ein reich gesticktes Band zur Umhüllung der Thorarolle (mit dem eingestickten Namen ein Aequivalent für unsere heutigen Personenstands-Register). Aus der Synagoge in seine Wohnung zurückgekehrt, überreicht der neue Ehegatte der jungen Gattin seinen Mantel, Gürtel und Hut, um ihr den Antheil an seinem Vermögen öffentlich zuzuerkennen.[143] Der ganze Tag und die darauf folgende Nacht sind der allgemeinen Belustigung gewidmet, für die natürlich Instrumental-Musik unentbehrlich war. Als daher einmal wegen eingetretener Landestrauer jede Musik untersagt war, verlegte man eine Hochzeitsfeier von Eppstein nach dem drei Meilen entfernten Mainz, um nur nicht der zur Erhöhung der Festfreude wesentlichen Musik zu entbehren.[145] Die Spielleute waren Christen, da am Sabbat das Musiciren nicht erlaubt ist, wie man auch deshalb einmal bei einer solchen Gelegenheit nicht gestatten wollte, daß ein Apostat zum Tanze die Laute schlage.[146] — Daß aber an anderen Tagen auch Juden zuweilen musicirten, erfahren wir aus vielen Stellen der mittelalterlichen Literatur; ja so weit in dieser Zeit von einer Pflege der Musik oder des Gesanges überhaupt die Rede sein kann, sehen wir auch unsere Ahnen regen Antheil daran nehmen. Als später von Italien aus die Musikkunst nach Deutschland verpflanzt wurde, waren die Juden ebenfalls für die Entwickelung derselben thätig und bewährten das musikalische Talent, welches nach der Behauptung d'Israelis dem jüdischen Stamme vorzüglich innewohnt. Allerdings war diese Pflege bei den Juden in Folge der Zeitstimmung einer getrübten Gegenwart theilweise gemindert oder gemäßigt, ganz hörte sie nie auf. Es ist bezeichnend, wie selbst ein frommer Gelehrter, der in den trübsten Zeitverhältnissen lebte, die befreiende Erhebung durch Musik und Gesang zu würdigen weiß. Es dürfte gestattet sein, ruft er aus[147], zuweilen zu musiciren, um geübt zu sein, wenn bei freudigen Anlässen, wie Chanuka, Purim und bei Hochzeiten in frommer Absicht zu spielen sich Gelegenheit bietet. Aber auch in sorgenvollen Zeiten dürfte

man durch die Musik den Trübsinn verscheuchen, der vom Studium des
Gesetzes zurückhalte. Allerdings, dieses Studium sollte immer den Mit-
telpunkt bilden, in den alle Bestrebungen münden und von dem wiederum
alle Thätigkeit im Leben ausgeht. In gleicher Weise sollte der Gesang
zur Verherrlichung Gottes[148]) und daher zuvörderst für den Gottesdienst
in der Synagoge, aber auch in dem häuslichen Kreise gepflegt werden.
Man empfahl[149]), mit vorzüglicher Sorgfalt auf die passende Melodie zu
achten, um jedes Gebet in der angemessenen Weise vorzutragen. Es
wird berichtet, daß in den verschiedenen Gemeinden Deutschlands besondere Melodien für gewisse Gebete seien, wovon manche nach verschiedenen
Provinzen sich verpflanzt haben. So hört man bei Jakob Lewi[150]) (starb
1427 in Mainz) von östreichischen Melodie'n, welche in Regensburg üblich
waren. Die allgemeine Sage führt die bei uns heimischen Melodie'n
der Gebete in ihrem Ursprunge auf diesen Jakob Lewi zurück. Von
demselben wird auch mitgetheilt[151]), daß er es nicht billigen wollte, eine
Melodie, an die eine Gemeinde gewöhnt ist, leichtfertig zu ändern, weil
Melodie und Gebetstück im Laufe der Zeit so miteinander verwachsen,
daß sie nur zum Schaden der wahren Andacht getrennt werden könnten.
Eben so wurde die Annahme fremder, nichtjüdischer Singweisen für den
Gottesdienst gemißbilligt[152]) und das laute Mitsingen der Gemeinde mit dem
Vorbeter getadelt[153]), dagegen dem Letzteren empfohlen, jedes Gebetstück mit
passender Melodie und in angemessener Weise vorzutragen. Auf den
Gesang der Psalmen im Morgengebete wurde besonders viel Zeit verwendet. Von R. Simson, dem Verfasser des Werkes Baruch scheamar,
wird erzählt, daß er in seiner Jugend täglich diesen Theil des Gebetes
mit lieblicher Melodie vorgetragen habe, wovon er den Beinamen Baruch
scheamar erhalten habe. In Regensburg dauerte dieser Gesang am Sabbat
eine Stunde lang.[154]) Isserlein pflegte vom Monat Ellul an bis nach dem
Versöhnungstage ebenfalls täglich fast eine Stunde auf diesen Gesang
zu verwenden. Seine Jünger verließen deshalb die Synagoge bereits
vor dem Lesen des Sch'ma, worüber der Lehrer sie zur Rede stellte[155]). —
Bei der Cantilation der Accente, Trop genannt (in der Mehrzahl Tropen
bei Raschi.[156]) zu Megilla 3, jedenfalls verwandt mit dem in der Kirchen-

muſik des Mittelalters gebräuchlichen tropus, ſ. du Cange, glossar, VI. S. 682) unterſchied man die des Pentateuchs, die der prophetiſchen Bücher und die der Hagiographen[157]. Außerdem hatten die Schulkinder noch eine beſondere Cantilation bei dem Recitiren der Schriftverſe vor dem Lehrer[158]. In derſelben Singweiſe, Stufentrop genannt, trug Jakob Lewi die Schriftabſchnitte am Neujahr und am Verſöhnungstage vor: Ebenſo wird von einer beſonderen Singweiſe des prophetiſchen Abſchnitts in der Rheingegend berichtet. Sollte der Geſang vorzüglich nur in dem ſynagogalen Gottesdienſt an den Feſttagen zur Ehre und Verherrlichung Gottes gehört werden, ſoführte er ſich doch auch beim fröhlichen Mal einnerhalb des gemüthlichen Familienkreiſes ein. Man ſang an Feſten und bei Hochzeiten religiöſe Tiſchlieder in hebräiſcher Sprache, ſelbſt auch bei Trink=gelagen, was aber mißfällig aufgenommen wurde[159].) Auch Lieder in der Landesſprache, welche die Einheit Gottes prieſen oder die 13 Glaubens=artikel zum Inhalt hatten, waren beliebt. Jacob Lewi tadelte dieſe Art von Liedern, aber nur weil die große Menge durch ſie zu dem Irrthume verleitet werden könnte, daß die Glaubensartikel allein das ganze Weſen des Juden=thums ausmachen, während ſie doch der practiſchen Bethätigung desſelben durch die einzelnen Gebote nicht mit einem Worte erwähnen[160]). Aehnlich wie wir heutigen Tages daran Anſtoß nehmen müßten, daß in manchen Religionsſchulen oder im ſogenannten Confirmations=Unterrichte immer nur von den zehn Geboten die Rede iſt, und hierdurch der gefährliche Irrthum genährt wird, als bilden dieſe Worte allein, nicht die Grundlage, ſondern das ganze Gebäude der Religion.

Beſonders hervorzuheben iſt jene Zeit, in der ſolche Einheitsge=ſänge einen mächtigen Eindruck auf die chriſtliche Umgebung geübt haben, wie an der Wende des 14. Jahrhunderts, zur Zeit des Königs Wenzel, wo Juden und Chriſten vereint dergleichen Loblieder zu Ehren des alleinigen Gottes in den Straßen Prags erſchallen ließen[161]). Konnte doch der zeitgenöſſiſche Abigedor Kara, welcher in ſtarkem geiſtigen Verkehr mit König Wenzel ſtand, ſogar als der Lehrer des Letzteren gehalten wird[161]), in ſeinem Einheitsgeſang ausrufen:

Jude, Muhamedaner und auch Christ¹⁶²),
Erkenne, daß Gott unkörperlich ist!

Es folgte unmittelbar darauf die hussitische Bewegung, die nicht durch die Ausbreitung der Lehre Wiklef's allein, die auch durch den Einfluß der jüdischen Lehre hervorgerufen wurde¹⁶²ᵃ). Die Zahl der selbst während des Mittelalters zum Judenthum Uebergetretenen ist übrigens bedeutender, als man ohne Kenntniß der Quellenschriften annehmen möchte. Sah sich doch die Obrigkeit von Venedig im Jahre 1443 genöthigt, die Sing- und Spielschulen, welche, ebenso wie die Christen, auch die Juden besaßen, zu schließen, weil viele Christen dahin gingen, wie auch den Juden daselbst im Jahre 1408 der Gottesdienst in christlichen Häusern untersagt wurde, „weil die Christen, insbesondere die Frauen, vom Christenthume sich abwenden"¹⁶³). Aus gleichem Grunde ward den Christen an manchen Orten Steyermarks verboten, jüdischen Hochzeiten beizuwohnen, mit den Juden zu essen, zu trinken und zu tanzen¹⁶⁴). [Man vergleiche aus unserer Zeit den Erlaß des evangelischen Ober-Kirchenraths in Berlin, vom Anfange des Jahres 1871, betreffend den Uebertritt zum Judenthum!] — Auch die deutschen Juden blieben für die allgemeinen Culturbestrebungen nicht theilnahmlos, wenn sie auch hierin nicht so bedeutend waren, wie die mittelalterlichen Juden anderer Länder in ihrem Einflusse auf die europäische Cultur, den der berühmte Literarhistoriker Fauriel in seinem geistreichen Werke „Histoire de la poésie provençale" in gehörigem Maaße würdigt, zugleich bedauernd, daß dieser Einfluß von der Geschichte der Civilisation und der Wissenschaften bisher nur zu wenig beobachtet worden sei. Die deutschen Juden haben aus der Blüthezeit der deutschen Minnesänger, aus dem ersten Viertel des 13. Jahrhunderts, Süskind von Trimberg, aufzuweisen, dessen dichterische Productionen von hoher Begabung, von seltener Sprachgewandheit und gemüthlicher Innigkeit zeugen¹⁶⁵). Auch aus der späteren Zeit, aus der ersten Hälfte des 15. Jahrhunderts, ist uns ein Sänger, Wolflein von Lochamen, bekannt, der mit seinem uns noch erhaltenen Liederbuche davon Zeugniß ablegt, wie die Erheiterung, welche namentlich die Kunst des Gesanges gewährt, in den häuslichen Kreisen der Juden gepflegt wurde, wie hart auch der Druck auf ihnen lastete[166]). Das Liederbuch, welches um das Jahr 1451 angefertigt ist, dessen Lieder selbst aber im Allgemeinen aus den Jahren 1390—1420 herrühren, enthält in jüdischen Schriftzeichen die Widmung „der allerliebsten Barbara, meinem treuen, liebsten Gemaken (d. h. meiner Cousine). Auch Wolfram von Eschenbachs berühmtes Gedicht Parzival, 1336 ergänzt durch eine Uebertragung aus dem Wälschen, verdankt diese Erweiterung einem Juden, Namens Samson Piene[167]). Auch der rheinische Satyriker Gumplin hat wahrscheinlich, wie nach seinem, den anmuthigsten Humor verrathenden hebräischen Gedichte geschlossen werden darf, dem deutschen Sange sich zugewendet[168]). So haben die Juden nicht selten an der Pflege des deutschen Liedes Theil genommen, wie aber nicht minder an manchen Verirrungen des Mittelalters. Denn auch die sogenannten Fahrenden des Mittelalters, diese leichten Zugvögel, welche als Handelsleute der geistigen und sittlichen Waaren von Stadt zu Stadt zogen, findet man unter den Juden vertreten. Es sind die Schalksnarren mit der Mission zu erheitern, die Freuden der Hochzeiten zu erhöhen und die schöne Kunst zu vertreten. Sie mißhandelten zuweilen auch Geige, Harfe und Flöte, waren geschickte Wortjongleurs, Witzbolde, Reimschmiede. Man belegte sie mit dem Schimpfnamen „Lizon"[169]), d. h. Spötter, in der späteren Zeit und in den östlichen Ländern mit „Maschalik", (von Maschal, Gleichniß, also hier Gleichnißredner) und es ist bezeichnend für das geringe Ansehen, welches sie bei dem besseren Theile des Volkes genossen, wenn an den Rabbiner Chaim Jair Bacherach (starb 1702) die Anfrage ergeht[170]), ob ein geachteter Gelehrter, der zugleich Musik versteht, sich dazu herablassen dürfe, mit Hintenansetzung der eigenen Würde, welche der Träger der Gotteslehre als solcher Anderen gegenüber stets zu wahren hat, bei Hochzeiten Musik zu machen. — Wir hören auch von jüdischen fahrenden Spielweibern, die einmal umherreisten, um bei Hochzeiten in ihrer Weise zu ergötzen und die Lachluft anzuregen. Doch fällt eine Vergleichung derselben mit ihren nichtjüdischen Colleginnen noch immer zu größerem Lobe der Ersteren aus. Während man sich bei den Letzeren nach der Schilderung eines christlichen Autors[170a]) nichts Widerliches denken kann, als diese entsittlichten, hungernden und lungernden Banden, welche zu Hunderten durch das Land streiften, wo sich nur ein Fest zeigte, den Raben gleich sich sammelten und ihre durchlöcherte Hand frech fordernd hinhielten, sehen wir bei dem tragischen Ende, welches diese jüdische Schaar nahm, noch immer die jüdische Ueberzeugungstreue fest gewahrt. Diese jüdischen Spielweiber wurden nämlich in einer Stadt festgehalten, unter die Bürger vertheilt, die sie in jeder erdenklichen Weise quälten, sie auch gütlich zu überreden suchten, zum Christenthume überzutreten, in welchem Falle sie Leben und Vermögen behalten sollten. Nur einige folgten diesen Ueberredungen, die nämlich durch die Flucht sich nicht retten konnten, die aber bald zum Judenthum wieder zurückkehrten und, nachdem ihr Rücktritt bekannt geworden war, zum Tode verurtheilt wurden[171]). —

Nachdem unsere Wanderungen durch das deutsche Mittelalter beinahe zu dem Ende geführt sind, welches wir uns für dieses Mal steckten, nämlich das gesellige Leben in jüdischen Kreisen jener Zeit einigermaßen kennen zu lernen, wollen wir, wie wir bisher Inneres und Aeußeres zu verbinden gesucht haben, noch am Schlusse in einigen Andeutungen die Aufmerksamkeit auf Kleidung und Beschäftigung der deutschen Juden in dem Mittelalter lenken. —

Was die Kleidung betrifft, so ergeben sich allerdings manche Differenzen in dem Anzuge der Juden gegen den der Christen, doch berechtigen diese Abweichungen durchaus nicht, die Existenz einer specifisch-jüdischen Tracht anzunehmen. Bemerkt man doch, daß die Juden, besonders die Damen, regen Antheil an der Zeitmode nahmen und darin häufig sogar einen Aufwand entfalteten, gegen den die Drohungen der jüdischen Moralprediger und die Strafen polizeilicher Verordnungen sich wenden mußten. Wir nehmen Abstand, hier auf die Differenz in der Kleidung, welche die Christen selbst von den Juden forderten, indem sie in gewissen Zeiten und in manchen Gegenden mit Strenge darauf hielten, daß die Juden an ihrer Kleidung besondere Abzeichen tragen sollten, näher einzugehen. Es sei auf das vortreffliche Werk von Stobbe „Die Juden in Deutschland" verwiesen, wo an mehreren Stellen, besonders aber

S. 274, hierüber belehrende Nachweisungen gegeben werden. Wir wollen nur ergänzend hinzufügen, daß in jüdischen Quellen der Judenzeichen selten gedacht wird. Der Verfasser des Or sarua (II. S. 39) erwähnt der Judenhüte und der Radzeichen, welche die Juden in Frankreich zu seiner Zeit an den Kleidern tragen mußten. Auch bei Samuel de Medina (Nr. 4 seiner Responsen) ist von den Judenhüten, die man damals tragen mußte, die Rede. Die Differenzen dagegen, zu welcher man jüdischer Seits selbst sich veranlaßt sah, lassen sich auf folgende Momente zurückführen:

1) Die in der Schrift (4. B. M. 15, 38) ertheilte Vorschrift, an ein Gewand mit 4 Ecken Schaufäden anzubringen, veranlaßte häufig eine Abweichung von der Mode, die übrigens auch bei den Christen sehr oft gewechselt hat, in Betreff des Schnittes der Kleidungsstücke.

2) Man mied die durch das religiöse Gesetz (3. B. M. 19, 19) verbotene Mischung von Wolle und Leinen, daher auch solche Gewänder, in denen die Aermel aus Wolle, die übrigen Theile des Kleidungsstückes aber aus Leinen bestanden, wenn sie durch eine Nath mit einander befestigt, nicht durch Knäufe lose verbunden waren[172]).

3) Der jüdischen Anschauung war durchaus zuwider die im Mittelalter so sehr beliebte Halbtheilung, das sogenannte mi-parti, in der Weise, daß man in der Form und Farbe des Gewandes die einzelnen Theile desselben auf das Vielfältigste wechselte. Es geschah dieses meist so, daß die Kleider der Länge oder der Breite nach mitten getheilt wurden, zuweilen wurde die eine Seite wieder gehälftet und zwar quer in der Mitte; nicht selten geschah es, daß auch die andere aus zwei Stücken bestand und das Kleid also in vier Theilen, gleich einem quadrirten Wappen, erschien. Bei der Quertheilung finden sich auch drei Farben; die Streifen sind dann zuweilen schräg gelegt[173]).

4) Die besonders durch die Halbtheilung erzeugten bunten, wie überhaupt alle schreienden, grellen Farben waren bei den Juden verpönt. Man betrachtete sie als eine Anreizung zur Verletzung der Sittlichkeit[174]), und empfahl daher das Tragen dunkler, schwarzer Stoffe[175]). Als König Alfons den spanischen Juden Luxus in Kleidern vorwirft, antworten sie ihm:

„Wir stehen vor dir in schwarzen Gewändern". Von den deutschen Juden erzählt der Anonymus Leobiensis bei Pertz mon. germ. I. 948, daß die Juden und Bauern die caputia (dunkle Kleider) getragen. Der Sachsenspiegel befiehlt ihnen beim Schwur „einen grawen Rock" zu tragen; in den eigenen Kleiderordnungen sprechen es die Juden überall aus. Der Herausgeber einer solchen in den historischen Nachrichten von der Judengemeinde in der Hofmark Fürth (pag. 153) sagt: „Heut' zu Tage ist die schwarze Farb' unter dem jüdischen Volk am meisten beliebt." Schwarz galt überhaupt schon in den ältesten jüdischen Zeiten als Trauerfarbe. Bei den Juden des Orients dagegen scheint man mehr der Landessitte gemäß auch farbige Kleider getragen zu haben, wie dies aus dem Sendschreiben des Isaak Zarfati[176]) an die Juden in Deutschland über die Vorzüge der türkischen Länder und der muhamedanischen Regierung (eb. Jellinek S. 21) hervorgeht.

5) Die in gewissen Zeiten des Mittelalters herrschende Unsitte, die Aermel mit vielen bis zur Erde reichenden Lappen oder bandförmigen Anhängseln, Zabbeln genannt, zu versehen, war bei den Juden nicht beliebt[177]).

Diese Differenzen gewöhnten die Christen zu der Annahme, daß die Juden eine specifisch-jüdische Kleidung besäßen und nach religiösem Gesetze von derselben nicht abweichen dürften, was den Juden allerdings in Zeiten der Gefahr zu Gute kam, indem sie dann der Verkleidung (die Berücksichtigung der ersterwähnten Differenz ausgenommen) sich bedienten, um nicht als Jude erkannt zu werden. So schreibt Israel Isserlein[177]), daß die Christen in den deutschen Ländern glauben, es sei den Juden eben so streng wie das von der Schrift untersagte Tragen von Wolle und Leinen, auch verboten zwei- oder dreifarbige Kleider oder solche mit Zabbeln und Lappen am Saume versehen, anzulegen. — Im Uebrigen aber kleideten sich die Juden ganz nach der Weise der Christen. Sie trugen ebenfalls Kursen[178]), d. h. Pelzmieder mit engen Aermeln und kostbar gesticktem Seiden- oder Wollen-Ueberzug, darüber das Surkot[179]), ein Festoberkleid mit einem Kopfloch und weiten Aermeln, an den Seiten aufgeschlitzt und dafür mit Knäufen versehen. Im 14. und

15. Jahrhundert wird vorzüglich der Gugeln erwähnt, in den jüdischen Quellen mit „Kappa[180])" bezeichnet; es waren dies weite Uebergewänder mit Aermeln, welche die ganze Gestalt von Kopf bis Fuß verhüllten. Für den Kopf war ein besonderer Theil, in Art unserer Kaputzen, bestimmt, der auch zurückgeschlagen werden konnte, in den jüdischen Quellen mitron (mitra) genannt. Am Sabbat und Festtagen wechselte man Kappa und Mitra[181]). Man trug auch die Tapperte[182]), einen rund geschnittenen langen Ueberwurf, von dem hinten ein langer Streifen auf die Erde fiel. Unter der Tapperte hatten Manche einen kleinen Mantel, den man Reisemantel nannte; die Gelehrten trugen unter der Tapperte das kleine Talith mit den Schaufäden. Isserlein (starb 1460) trug einen Obermantel, der an der Halsweite voller Krausen, mit mehreren nach unten zu sich erweiternden und nach oben hin sich verengenden Geren versehen war, fast einem Frauenmantel gleich, zur rechten Seite aufgeschlitzt, oben aber durch Schleife an der einen und durch Knäufel an der anderen Seite zusammengehalten wurde. Solche Mäntel trugen in Oestreich nur die Greise, besonders die Gelehrten; während die Mäntel in italienischen Gegenden, z. B. in Trevijo und Maestre, von dieser Form abwichen und mit der dortigen Landessitte harmonirten[183]).

In Betreff des weiblichen Anzuges haben wir bereits oben (S. 28) gelegentlich Einiges angeben können. Die dort erwähnten Kursen trugen die Frauen auch am Neumondstag und am Freitag zur Abendzeit, wo sie die Braut „Sabbat" feierlichst erwarteten. Auch jede wirkliche Braut war damit bekleidet, wenn sie zur Trauungsfeier in den Vorhof der Synagoge geführt wurde. Am Sabbat selbst legten die Frauen die Kursen nur an, wenn sie eines Trauerfalls wegen den sabbatlichen Anzug mit dem der Werkeltage vertauschen mußten[184]). An diesen Tagen trugen sie den gewöhnlichen Mantel, der sich von dem der Männer wenig unterschied. Der Frauenmantel war nur weiter und länger und wurde oben am Halssaume durch einen „Fürspann[185])" oder „Nuschke[186])" zusammengehalten. Es war dies eine Vorstecknadel, zuweilen ein großer, verzierter Ring, hinter welchem eine Nadel befestigt war. Sie waren den heutigen Broschen gleich und dienten zuweilen auch als Schmuckstück; häufig waren sie so eingerichtet, daß man sie vermittelst eines kleinen, aus Gold oder Silber gefertigten Schlüssels öffnete. Die vornehmen jüdischen Damen in den Rheingegenden pflegten einen solchen Schlüssel an einer vom Halse auf die Brust herabhängenden Kette von Gold oder Silber zugleich als Zierrath zu tragen[187]). Die Mode, welche wahrscheinlich auch in der christlichen Damenwelt Nachahmung gefunden, war ursprünglich ein erfinderisches Mittel der Damen, um sich aus einer Verlegenheit zu helfen. Da sie nämlich nach einer gesetzlich religiösen Vorschrift die verschiedenen Schlüssel, mit denen sie ihre Behältnisse im Hause verschlossen hielten, bei ihren Spaziergängen in's Freie nicht mitnehmen durften, im Hause selbst aber die Schlüssel vor den Augen des Gesindes nicht frei umherliegen sollten, so ließen sie ein verschließbares Kästchen zur Aufbewahrung der Schlüssel anfertigen, den dazu gehörigen Schlüssel aber, aus Gold oder Silber an der Kette aus gleichem Metall, trugen sie nunmehr als Hals- oder Brustschmuck. Man sah überhaupt den Damen nach, am Sabbat auch mit gewissen Schmucksachen in's Freie auszugehen[188]). Aus dem Verzeichnisse[189]) der durch den Breslauer Magistrat vom 5—7. Mai 1453 in 7 jüdischen Häusern confiscirten Gegenständen erfahren wir von manchen Luxus-Gegenständen der damaligen Damen. Außer rothen Häubchen und mit Sammt und Gold durchwirkten Kopfbinden, hören wir noch von korallenen Halsketten — die trug man als Schutzmittel gegen den bösen Blick —[190]) von einem Gürtel mit 20 silbernen, übergoldeten Schnallen auf seidenem Gewebe von verschiedenen Farben, einer Halskette von gelbem Bernstein[191]), von drei Perlketten mit Anhängseln, einer goldenen Kette u. m. a. Schmuckgegenständen. — Ein gewöhnlicher Schmuck des Hauptes und zugleich eine Verhüllung war das Kopftuch oder der Schleier, mit dessen Wäsche jüdische Putzmacherinnen auch für die christliche Damenwelt beschäftigt waren[192]); in der Provence fertigten sie für sie solche Schleier und stickten sogar darein Kreuze[193]). Auch Härsenir, d. h. Kettelhauben, trugen die jüdischen Damen, um das volle Haar zusammenzuhalten[194]). Die Haar-Toilette der Mädchen selbst — gab es ja eine besondere Art, von der man sagte, das Haar scheiteln wie die Juden —

mit den dazu gehörigen Bändern und Haarnadeln gedenken wir in einer besonderen Darstellung näher zu behandeln, wobei noch manches hierher Gehörige, wie z. B. Kopf- und Fußbedeckung der Männer, berücksichtigt werden dürfte. Wir wollen nur noch hinzufügen, daß in manchen jüdischen Handschriften neben den Vorschriften gegen den bösen Blick auch Mittel für einen guten Anblick, nämlich Anweisungen zur Bereitung von Gesichtsschminke, gegeben werden[195]).

Was die Beschäftigung der deutschen Juden in dem Mittelalter betrifft, so gilt es zuvörderst, zwei irrige Meinungen hierüber zu berichtigen. Während man nämlich in manchen jüdischen Kreisen anzunehmen geneigt ist, daß die damaligen Juden vorzüglich und zum größten Theile den gelehrten Studien des Talmud und anderer einschlägigen Schriften ergeben waren und die Führung eines beschaulichen Lebens damit verbanden, denkt man sich in nichtjüdischen Kreisen alle Juden jener Zeit als reiche Geldwucherer, die nur in der Anhäufung von irdischem Gute ihren ganzen Beruf und ihr alleiniges Streben zeichneten. Eben so wenig aber wie der größte Theil aus frommen Gelehrten bestand, immerhin nur Manche über das Maaß des elementaren Wissens hinausgingen und von diesen wiederum nur Einzelne in Lehre und Leben sich so hervorthaten, daß sie die Führerschaft ihrer Zeit errangen und sich darin behaupteten, eben so wenig war es ein großer Theil, der Reichthümer besaß, um damit Wucher treiben zu können. Hervorstechender großer Reichthum war überhaupt selten, wie Oelsner (in den östreichischen Geschichtsquellen Band 31 S. 70) nach verschiedenen Zusammenstellungen von Summen, die von Juden geliehen worden sind, näher darthut. Selbst was Kriegk von Darlehen der Frankfurter Juden (in dessen Bürgerzwisten S. 437) mitzutheilen weiß, wird jedenfalls selbst im Verhältniß zu heutigem Geldwerthe auf einen allgemeinen Reichthum der Juden in jener Zeit nicht schließen lassen. Daß das Streben nach Geld und Gold ganz natürlich war, wird derjenige, der mit den barbarischen Verhältnissen, unter denen die Juden seufzten, nur einigermaßen vertraut ist, ganz klar ermessen können. In dem Gelde lernten die Juden die einzige Macht kennen, die sie in manchen Zeiten noch schützen konnte, indem man schon der enorm hohen Abgaben wegen, die man auf die Juden legte, diese den Städten gerne erhielt oder, wo man sie auf das Andringen des Pöbels hin vertrieben hatte, recht bald wieder aufnahm. Allerdings waren auch die Juden in den Zeiten und Gegenden, wo ihnen Grundbesitz oder die Ausübung eines Handwerks nicht gestattet war, darauf angewiesen, durch Handel und im Wucher die Mittel für ihre Existenz zu gewinnen.[196] Sie unterhielten damit zugleich ihre armen oder den Studien ergebenen Brüder, und sahen es als eine wohlverdiente Strafe Gottes für die Vernachlässigung solcher Liebespflichten an,[197] als in verschiedenen Zeiten durch einen Federstrich des Kaisers sämmtliche Judenschulden annullirt wurden. Uebrigens waren die Juden nicht selten auch Schuldner der Christen geworden,[198] wie auch sie nicht allein es waren, welche den Geldhandel betrieben, da sie sehr oft in den gesetzlichen Bestimmungen neben den christlichen Lombarden und Kawertschen jener Zeit genannt werden. Eine Vergleichung der jüdischen Wucherer aber mit den christlichen fällt immer noch zu größerem Lobe der Ersteren aus. Wir brauchen hiefür nur die eigenen Worte von nichtjüdischen Autoritäten auf diesem Gebiete anzuführen. Hüllman in seinem Werke „Städtewesen im Mittelalter" (Bd. 2 S. 56) berichtet „Bürger in Lindau am Bodensee trieben 1344 den wucherlichen Gewinn bis auf $216^{2}/_{3}$ pCt. Daher war die Bürgerschaft froh, als sich ein jüdischer Wechsler niederließ, der jenen Christen beschämte und sich mit geringeren Zinsen begnügte." Ferner (S. 62) „Härter als die Lombarden, mit denen sie sich oft in Urkunden und Gesetzen zusammengestellt finden, überhaupt als die christlichen Wucherer, behandelten sie ihre Schuldner nicht, ja zu dem angeführten Beispiel von Lindau mögen genug Seitenstücke vorgekommen sein." Was die mittelalterlichen Juden aber mit ihrem Geldhandel im Großen und Ganzen überhaupt genützt und geleistet haben, wollen wir mit den Worten einer andern Autorität, des Dr. Neumann in seiner „Geschichte des Wuchers in Deutschland, (S. 292) darstellen. „Als Träger des Handels, als Förderer des persönlichen Credits erwiesen die Juden sich überall dort, wo der Geldverkehr durch äußere Störungen unterbrochen ward, unschätzbar gleich einem unentbehrlichen Bindegliede. Die Juden allein hielten in Deutschland während der Zeit des eigentlichen Mittelalters den Gebrauch der Conventionalzinsen ohne Verdeckung aufrecht; sie allein standen hier dem kanonischen Wucherverbote direct gegenüber, sie machten die Handeltreibenden, die Kapital-Besitzer und Sucher vertraut mit dem zinsbaren Darlehn, sie verhinderten ihre Entfremdung von dieser natürlichsten Entschädigungsart der Kapitalsnutzung, bei ihnen allein erkannte man den Wucher als erlaubt an, ganz wie später allgemein die Conventionalzinsen, und zog ihm nur aus Gründen der Billigkeit, der allgemeinen Wohlfahrt eine bestimmte Grenze. So wurden die Zinsgeschäfte der Juden Beispiele, Vorläufer, Anbahner des zinsbaren Darlehns." Man vergleiche ferner, was Lecky, Geschichte der Aufklärung II. S. 224 (übersetzt von Jolowicz) und was Kießelbach, der Gang des Welthandels S. 18 u. 45 über die großartige Bedeutung und die Tragweite des jüdischen Handels im Mittelalter äußern, und man wird mit freudiger Genugthuung wahrnehmen, daß wir in einer Zeit leben, in der man bereits anfängt, die Stimme der Gerechtigkeit walten zu lassen und richtig zu überdenken, was man nicht allein an den Juden verschuldet hat, sondern was man ihnen auch noch schuldet. Wie unter den Engländern Lackey, unter den Franzosen Fauriel, so sind es unter den Deutschen Stobbe, Kießelbach, Neumann, Briegleb,[199]) die das jüdische Leben des Mittelalters zu Ehren bringen, indem sie in ihren geistreichen Forschungen von Wahrheit und Ehrlichkeit sich leiten lassen, wo man bis dahin zum größten Theile von Lüge und Verkennung hatte sich beeinflussen lassen, um ein Zerrbild des jüdischen Lebens, dem allgemeinen Spotte preisgegeben, zu schaffen. Heben wir einige Einzelheiten aus dem jüdischen Handel hervor, so müssen wir zuvörderst auf das große, persönliche Vertrauen hinweisen, welches die Juden in besseren Zeiten bei dem Fürsten, der Geistlichkeit und dem Volke überhaupt besaßen.[200]) Es beweist dies vor Allem die Uebertragung solcher Geldgeschäfte, wie die Erhebung des Ungelts und der Bet, besonders in den Provinzen, wo die Controle schwierig war. Es waren dies die Steuererheber, welche von dem Fürsten ordnungsmäßig bestallt wurden. So Abraham von Creuznach 1342, Moses Nürnberg 1364 für Heidelberg, Hanko von Weitersdorf und Aron von Berchtoldsdorf

1389, Joseph Walch von Wien, Schallum Lem von Krems, Slom=
lein Heinpus von Wien. Besonders standen die Juden mit der Geist=
lichkeit in Geschäftsverbindung und sicherten sich bei ihr eine feste
Kundschaft, für die man in den jüdischen Quellen einen eigenen
Ausdruck, nämlich מעריצרבנן²⁰¹), hat. Die Geistlichen verkauften den Juden
die Naturalien ihrer Pfründe²⁰²) und erhielten von diesen Vorschüsse auf
Getreide²⁰³); sie kauften wiederum von den Juden ihre Ornate,²⁰⁴) auch
Bücher aus den damaligen Wissenschaften der Arznei, der Logik, der
Mathematik und Musik.²⁰⁵) Dagegen mieden die Juden, ihnen Bücher
und Geräthe für den religiösen Cultus zu verkaufen oder auf solche Ge=
genstände Geld zu leihen, was ihnen auch von Seiten der weltlichen
Obrigkeit verboten war,²⁰⁶) im Artikel 7 des Sachsenspiegels sogar mit
strenger Strafe bedroht wird. Wo das Gesetz nicht beschränkend gegen die
Juden aufgetreten war, finden wir diese auch als Grundeigenthümer,
als Gastwirthe, Mühlen= und Weinbergsbesitzer.²⁰⁷) Bei dem beträcht=
lichen Weinhandel, welcher im Mittelalter betrieben wurde, konnte es
nicht fehlen, daß auch die Juden sehr stark sich hieran betheiligten. Man
gestattete an den Mittelfeiertagen des Laubhüttenfestes sich mit der Wein=
lese zu beschäftigen, da es Gebrauch sei, daß die vornehmsten Besitzer
aus dem Dorfe die Zeit der Weinlese bestimmen und diese daher pünktlich
inne gehalten werden müsse.²⁰⁸) Im Jahre 1312 besaßen die Juden zu
Frankfurt a. M., im Jahre 1381 zu Weinheim, wie auch 1354 in der Um=
gegend von Wien viele Weinberge. Der Hauptplatz für den deutschen Wein=
handel im Mittelalter war Ulm, auch Frankfurt a. M.²⁰⁹) Daher waren in
diesen Städten die Juden sehr zahlreich vertreten, eben so in Nürnberg, Augs=
burg und Regensburg. Diese Städte betrieben den ganzen Umsatz zwischen
Süden und Norden, Osten und Westen und bildeten dadurch den Mittel=
punkt des europäischen Landhandels.²¹⁰) Besonders bildete Regensburg
die Metropole des Donauhandels; von Constantinopel, dem Hauptstapel=
platze Europa's, gingen die Waaren des Orients durch Ungarn die Donau
aufwärts bis hierher; die Regensburger Großhändler versandten sie dann
weiter nach Westen und Norden. Die Juden waren hier mit unter den
Großhändlern, als welche sie auf den lebhaften Verkehr, der sich nach den

fernsten Richtungen hin erstreckte, wohlthätig einwirkten und die deutsche Industrie kräftig förderten, während sie in kleinen Städten und auf dem platten Lande auf den Hausirhandel angewiesen waren.[211]). Wir werden daher die Juden besonders an solchen Knotenpunkten des Verkehrs in sehr ausgebreiteter Handelsverbindung finden. Sie gehen nach Ungarn, Galizien, selbst nach Lithauen, bis nach Kiew hin und helfen mit, überall hin deutschen Erzeugnissen einen Markt zu eröffnen.[212]) Zugleich unterhielten die Juden auf diesem Wege den geistigen Verkehr zwischen den Gelehrten, dessen Regsamkeit trotz der weiten Entfernung, die häufig zwischen den in schriftlicher Verbindung stehenden Personen liegt, uns mit Staunen und Bewunderung heute noch erfüllen muß. Welchen Einfluß auf die Lehrthätigkeit und deren weitere Entwickelung mußte nicht z. B. der Besuch der im ganzen Mittelalter so berühmten Messe von Troyes, wo Raschi und seine Verwandten lebten und lehrten, auf die jüdischen Besucher von Cöln, Mainz, Worms her üben! Allerdings läßt sich dies mehr vermuthen, als in Wirklichkeit darstellen, wiewohl es einzelner Winke hierzu in den Quellen durchaus nicht fehlt.[212a]) Handelsbeziehungen führten deutsche Juden im 15. Jahrhundert fortwährend nach Oberitalien, von denen Viele in Maestre, Cremona, Padua und Treviso sich niederließen und deutsche Gemeinden daselbst begründeten.[213]) Man wandte sich um Belehrung vorzüglich nach Italien und dem Orient, nachdem seit dem 11. Jahrhundert die Schulen Nordfrankreichs unter der Gewalt der Bedrückungen und Verfolgungen aufgehört hatten. Die Verbindung der Juden mit den Ländern des Ostens, die nie aufgehört hatte,[214] ward besonders durch die regen Handelsbeziehungen im 14. u. 15. Jahrhundert sehr stark gefördert und damit allmälig die Zufluchtsstätte angebahnt, welche am Ausgange des letzterwähnten Jahrhunderts bedrängte Glaubensbrüder dort fanden. — Von importirten Handelsartikeln waren es vorzüglich Spezereien und Gewürze, welche die Juden aus dem Oriente holten. Schon der Umstand, daß die Juden sehr häufig verurtheilt wurden, ein Pfund Pfeffer als Strafkosten herzugeben, auch daß Leistungen in Pfeffer als fixirte Abgaben vorkommen, mag als Zeugniß gelten, daß Gewürz mit zu den vorzüglichen Handelsartikeln der Juden gehörte. Von einem Gelehrten, Namens Sanwel, in Neustadt bei Wien, wird berichtet, daß er aus Candia Zucker gebracht habe, von dem auch R. Schalom an Peßach gegessen habe, während der Genuß des gewöhnlichen Zuckers an diesem Feste man nicht gern gestatten wollte.[215] Aber der Handel mit Geld und mit Waaren bildeten nicht ausschließlich die Beschäftigung der Juden; auch die Wahrheit des Ausspruchs „Handwerk hat einen goldnen Boden" haben die Juden praktisch kennen gelernt, so lange man überhaupt ihnen einen Boden für solche Thätigkeit nur gewährte. Nicht immer war dies der Fall; der Zunftzopf des Mittelalters ließ selten zu, daß die Juden auch außerhalb ihrer eigenen Zunft — und als solche sah man die ganze Judenschaft, die wie jede andere Zunft auch ihre besondere Straße bewohnte, an, allerdings nur mit geringen Gerechtsamen und Privilegien ausgestattet — irgendwie ein Handwerk betrieben. Es muß daher sehr befremden, wenn ein jüdischer Geschichtsforscher, dem die socialen Verhältnisse des Mittelalters doch gewiß nicht unbekannt sein können, von zu großem Eifer getrieben, einen objectiven Standpunkt einzunehmen, ganz subjectiv in seinem Urtheile wird und zu einer ungerechtfertigten Anklage gegen die Juden sich verleiten läßt. Dr. Oelsner, im Archiv östreichischer Geschichtsquellen Band 31 S. 88 behauptet nämlich, „der erste Handwerker aus jüdischem Stamme, der redlich, tüchtig und fleißig war, der seinen Gewerksgenossen nützen, von ihnen zu lernen, mit ihnen fröhlich sein verstand, der seinem Nebenmenschen bescheiden und gewissenhaft diente und im Schweiße seines Angesichts sein ehrenhaftes Brod verzehrte — er hätte mehr für die Sache der Duldung und der Versöhnung gethan, als jene Geldmächtigen, denen die Fürsten schmeicheln und hülfsbedürftige Kaiser Besuche machen! Aber das Tragische menschlicher Geschicke liegt eben weniger darin, daß man am Rande eines Abgrundes keinen Ausweg fände, als vielmehr darin, daß man keinen sucht." Man muß wirklich in Verlegenheit gerathen, mit welchem Epitheton man ein solches Urtheil belegen solle. Sollen wir etwa die mit sehr geringen Ausnahmen, welche wir auch aus jüdischen Quellen nachweisen können, allgemein herrschenden Gesetze der Ausschließung und Unduldsamkeit gegen die Juden noch besonders aufzählen? Die Antwort, welche Stobbe in seinem Werke „die Juden in Deutschland" S. 105 auf eine ähnliche Anklage Oelsner's in dessen schlesischen Urkunden S. 6 ertheilt, können wir auch hier anwenden. Oelsner sagt nämlich: „Von der Theilnahme am Staatsleben wurden sie entfernt, der Güterbesitz wurde ihnen versagt, der Landbau verleidet — sie hätten sich dafür an dem regen gewerblichen Leben der Städte betheiligen können." Und weiter meint er, daß wegen ihres Wuchers es „um die brüderliche Anhänglichkeit der Mitbürger, die damals noch zu gewinnen war, um den unersetzbaren Zusammenhang mit Vaterland und Volk geschehen war." Darauf antwortet Stobbe mit Recht: „Lag es denn wirklich im freien Belieben der Juden, sich an dem regen gewerblichen Treiben der Städte zu betheiligen? Die ganze Ausbildung des gewerblichen Lebens und des Innungswesens schloß den Juden von jeder Theilnahme am Handwerk aus, und es blieb ihm keine andere Wahl, als vom Schacher und Wucher zu leben; denn der mittelalterliche Staat ließ ihm keine anderen Erwerbsquellen. Und sind wir berechtigt zu glauben, daß es in den auf die Kreuzzüge folgenden Zeiten noch möglich war, „die brüderliche Anhänglichkeit der Mitbürger" zu gewinnen? Weder einzelne Ereignisse, noch die allgemeinen Zustände jener Jahrhunderte rechtfertigen diese Annahme." —

Wir brauchten übrigens nur Oelsner's eigene Worte (S. 81) anzuführen, welche die beste Antwort auf seine Anklage geben. Er sagt u. A.: „Aber welch' ein Dasein das, in dem das ursprünglichste Recht der Menschen, eine Wohnstätte zu besitzen, von fremder Gnade abhängig war! Was galt dem Juden sein Geburtshaus, seine Geburtsstadt? Nach wenigen Jahren vielleicht mußte er beide verlassen, um sie nie wieder zu sehen. Er wurde von den Bürgern nicht als Untergebener geachtet und kannte die verwandtschaftsähnliche Liebe nicht, welche Landsleute mit einander verbindet. Er war als Fremdling angesehen, dem ein vorübergehendes Verweilen gestattet und für die kurze Dauer Sicherheit gewährt wurde. Man bezeichnete diesen Zustand sehr treffend mit dem Worte Friede oder Waffenstillstand. War die bewilligte Zeit vorüber, so trat gleichsam wieder der Kriegszustand ein und der Schutzlosgewordene mußte eine neue Zufluchtsstätte suchen." So weit Oelsner selbst; aber, betonen wir

mit Recht, müſſen Juden nicht auch Handwerk betrieben haben, ja müſſen
ſie nicht eine größere Kundſchaft durch Geſchicklichkeit und Vertrauen und
dadurch den Neid der chriſtlichen Zunft ſich zugezogen haben, wenn Friedrich
der Schöne im Jahre 1316 den Juden zu Neuſtadt bei Wien das
Schneiderhandwerk bei Confiscation und Verfall der Kleider in die
landesfürſtliche Kammer verbot?[216] Oder wenn in Fürth „einem
angeſeſſenen Juden nicht geſtattet wurde, ein Handwerk zu trei=
ben, auch wenn er ein ſolches außerhalb erlernt hätte? Als eine beſondere
Gnade wurde es angeſehen, daß man ihnen erlaubte, zwei oder drei jü=
diſche Schneider für die Judenſchaft zu halten, die aber bei Leibe ſich
nicht unterſtehen durften, für Chriſten etwas zu fertigen, ſo wenig als
ihr Barbier oder Muſikant die Chriſten bedienen dürfen.[217] Wo und
wann aber auch die Juden zum Betrieb eines Handwerks für eine chriſtliche
Kundſchaft nicht zugelaſſen wurden, wir werden ſie immerhin für ihren
eigenen Bedarf in den verſchiedenſten Handwerken thätig finden. So
z. B. waren ſie ſchon durch gewiſſe religiöſe Vorſchriften darauf hinge=
wieſen, Schneider und Bäcker in ihrer Mitte ſelbſt zu haben. Ließ man
nämlich ein Kleidungsſtück bei einem nichtjüdiſchen Schneider anfertigen,
ſo war zu beſorgen, daß derſelbe die Vorſchrift im 3. Buche Moſis c. 22,
11 nicht beachten und die verbotene Miſchung von Wolle und
Leinen anwenden werde, weshalb man häufig auch während des
Anfertigens eines Kleidungsſtückes in der Werkſtätte des nichtjüdiſchen
Schneiders verblieb.[218] Aus einer andern ebenfalls auf religiöſer Vor=
ſchrift beruhenden Beſorgniß hatte man auch gerne jüdiſche Bäcker. Wir
finden aber auch unter den Juden des Mittelalters[219] Maurer, Gärber,
Schmiede, Schiffer, Buchbinder,[220] Kartenmaler,[221] Bildhauer, Schwert=
feger, Münzarbeiter, Petſchirer u. m. A.

Aber in einem beſonderen Fache war es, wo die Juden ſich behaupteten,
in welchem ſie auch von den Chriſten ſehr geſucht waren, nämlich als Aerzte.
Wir können bereits ein ganz artiges Verzeichniß von jüdiſchen Aerzten,
häufig von der ſtädtiſchen Verwaltung beſoldet und von der Judenſteuer
befreit, nach den Geſchichtsquellen aufſtellen.[222] Von jüdiſchen Aerzten
am Oberrhein hat man früher Nachrichten als von den chriſtlichen Laien=

ärzten. Die Juden zu Speyer handelten schon um 1090 mit Arzeneien,²²³) und 1494 begegnen wir einem jüdischen Apotheker in dem Jakob Haigerloch zu Ulm.²²⁴) Allerdings standen die jüdischen Aerzte gleich ihren christlichen Collegen auf einem sehr niedrigen Standpunkte der medicinischen Wissenschaft und halten keinesweges einen Vergleich aus mit den Aerzten in Spanien und Italien, wo auch die jüdischen Aerzte einen bedeutenden Ruf und Namen in der Wissenschaft der Medicin sich erworben haben. Ein Verzeichniß von Medicamenten, welches wir nach handschriftlichen Quellen an einem andern Orte geben werden, gewährt einen interessanten Einblick in die damalige Cur-Methode der Judenärzte in den deutschen Gegenden. Immerhin aber hatten die jüdische Aerzte mehr Zulauf wie die christlichen. Einzelne Kirchenbeschlüsse setzten zwar fest, die Juden sollten keine Arzneikunde treiben oder die Christen wenigstens keinen Juden annehmen, allein diese Bestimmungen wurden gleich den übrigen bei der oft überwiegenden Geschicklichkeit der jüdischen Aerzte umgangen.²²⁵) Herr v. Falkenstein stieß sich, als er 1376 erkrankte, nicht an das Verbot jüdischer Aerzte.²²⁶) Selbst geistliche Fürsten hatten nicht selten jüdische Leibärzte und ließen sich nicht abhalten, trotz aller Verbote, die Schmerzen des christlichen Leibes durch jüdische Recepte lindern zu lassen.

Es beruhte dieses Vertrauen nicht allein auf der größeren Geschicklichkeit, es war vielmehr auch derjenige menschliche Trieb, welcher die Leidenden zu ihnen sich wenden ließ, die die christliche Anschauung am Wenigsten dulden durfte. Das Mittelalter glaubte übrigens alle Rabbiner in der Heilkunde erfahren.²²⁷) Hören wir doch, wie ein hochgestellter Christ in seiner Krankheit zum Rabbi schickt und flehentlich bittet, von seinem Weine ihm zu senden, da er genau wisse, daß er sonst sterben müsse.²²⁸) So sendet ein Ritter zum Rabbiner hin und bittet um eine Mesusa für seine Burg, die er wahrscheinlich damit vor jedem Unfall zu sichern glaubt.²²⁹) Anders denkt man heutigen Tages noch in Ostfriesland, wo man behauptet, daß beim ersten Begegnen des Morgens ein Jude Anzeichen eines großen Unglücks sei und guckt ein solcher gar in's Fenster hinein, so herrscht die ganze Woche Unglück im Hause.

Oder an der Bergſtraße in Süddeutſchland, wo es als Regel gilt, wenn ein Kranker zu ſterben wünſche, ſo müſſe er den Rabbiner für ſich um langes Leben und Wiedergeneſung beten laſſen.[230]

Doch wenden wir uns ab von Dem, wozu der Jude früher herhalten mußte und noch in der Gegenwart nicht ſelten herhalten muß. Beantworten wir uns lieber am Schluſſe die Frage: Was hat ihn trotzdem erhalten? Einzig und allein das Leben in Gott, welches in der Lehre ſeine unverſiegbare Quelle findet und aus ihr die nöthige Kraft für alle Lagen und Verhältniſſe gewinnen läßt. Iſt, wie Zunz ſagt, ächte Wiſſenſchaft thatenzeugend, ſo iſt die ächtjüdiſche Wiſſenſchaft, auf der Baſis dieſer Gotteslehre, die ächteſte; denn ſie hat die größte, wunderbarſte That gezeugt, gezeigt in der Erhaltung der Juden. Für ſie bleibt ewig wahr das Vorbild in jener Offenbarung: „Es ſteht der Dornbuſch in Flammen, aber er wird doch nicht verzehrt!"

Anmerkungen.

¹) Hiermit erledigt sich der Einwand bei Stobbe, die Juden in Deutschland, S. 200 n. 9 gegen einen Ausspruch Neumann's, in dessen Geschichte des Wuchers, S. 294.

²) Angeführt in Taschbez cod. Benzian §. 61.

³) Professor Rosenstein über Aberglauben und Mysticismus in der Medicin, S. 29.

⁴) Cod. Halberstamm, eine zum größten Theil in den gedruckten Pardes übergegangene Recension von Raschi's Siddur enthaltend. Andere Nachweisungen für den Ruf der deutschen Juden s. bei Zunz, zur Geschichte S. 179c und d.

⁵) Jeruschalmi Jebamoth c. 1; es war die Mutter des R. Jehoschua b. Chananja, dessen Lob sein Lehrer R. Jochanan b. Sakkai mit mit den Worten „Heil der Mutter, die ihn geboren" bezeichnet. Vgl. noch den sogenannten Raschi-Commentar zu Aboth c. 2 Mischnah 13.

⁶) Nach § 238 im Buche der Frommen.

⁷) Nach Sukka 42a und Sifre Abschnitt Ekeb.

⁸) Wir folgen in unserer Darstellung dem handschriftlichen Werke אסופות, § 382, früher Luzzatto, jetzt Halberstamm angehörig, bei Zunz, zur Gesch. S. 169 als Dinim ms. angeführt. Vergl. überhaupt dort die von Zunz nach den anderen verzeichneten Quellen gegebene Darstellung.

⁹) Nämlich die Hinweisung auf die Talmudstelle כפה עליהם in Sabbat Bl. 88.

¹⁰) שר פותה, ebenso auch im Siddur des Amram Gaon I. Bl. 32 (vgl. hierzu die dort am Schlusse vorgeschlagene Emendation des Herausgebers in פורה); in der Handschrift sind die nach בש״ם folgenden Incantamenta, über die Perles in den etymolog. Studien (Frankels Monatsschrift 1870 S. 462) zu vergleichen wäre, wegradirt.

¹¹) Siehe Jore deah § 249 und Taschbez ms. § 451 im Namen Samuels v. Bamberg.

¹²) Buch der Frommen § 872 und an vielen anderen Stellen.

¹³) Ebendas. § 898 und § 1158; letztere Stelle ist nach Midrasch

Schir-Haschirim Vers והגיון zu ergänzen. Der Schreibgriffel erwähnt Jeruschalmi Taanith c. 4 und Midrasch Echa c. 2 in der Drohung der Einwohner in der Festung Bethar: „Wenn die Feinde über uns kommen, werden wir ihnen mit den Griffeln der Schulkinder entgegengehen und ihnen die Augen ausstechen" — eine herrliche Illustration zu dem Psalmworte „Aus dem Munde der Kinder und Säuglinge hast du die Macht gegründet" oder auch des Leibnitz'schen Ausspruches „Wer die Schule hat, hat die Zukunft in Händen."

[14] Responsen J. Bruna's n. 116.
[15] Buch der Frommen § 308.
[16] Or sarua II S. 31.
[16a] Geht aus mehreren Stellen im handschriftlichen Leket Joscher, den Responsen Jakob Lewi's und seiner Zeitgenossen hervor. S. a. Wertheimer, Jahrbuch 1860, S. 61.
[17] Von mir mitgetheilt in der „jüdischen Presse" 1870 S. 90.
[18] Tractat Soferim c. 18 Hal. 6.
[19] Ueber den Mädchenunterricht vgl. das Buch der Frommen § 313, die Responsen Jakob Lewi's n. 226, ferner die vom Verfasser des Birke Joseph zu Orach Chaim § 46 und zu Jore deah § 246 citirten Quellen und endlich Dr. Horovicz „etwas über den Religions-Unterricht der Mädchen", besonders S. 7.
[20] Frauen theilen Entscheidungen des R. Tam mit (Tosefot zu Sabbat 111b); die Töchter des R. Abraham aus Orleans vereinigten sich wie die Männer zum gemeinsamen Tischgebet (Mordechai Berachoth § 158); Mirjam, die Tochter des Salomo Spiro, Gattin des Jochanan Loria, trug mehrere Jahre hindurch, hinter einem Gitter sitzend, der studirenden Jugend Talmud vor (Vorbemerkung zu den Responsen des R. Salomo Loria); R. Chaim, Sohn des Verfassers von Or sarua, in seinen Responsen S. 31b und n. 146 beruft sich auf seine Frau und auf seine Schwiegermutter; der Vorbeter Joseph Treves beruft sich auf seine Mutter, die Tochter des R. Baruch (Noten zum Semak cod. Benzian); über die Vorsängerin Urania in Worms s. Lewysohn, Epitaphien S. 85. Von Litte aus Regensburg giebt es eine Geschichte David's in deutschen Reimen; wir setzen den Anfang nach Wolf's Bibl. hebr. VI. S. 201 her:

„Wir wissen wol, sprach Elias, dein Bosheit mußt geschehn,
Du bist darum herkommen, daß du den Streit willst sehn.
Wo hast du unsere Schäflein in der Wüsteney gelahn?
Geh' mir aus den Augen, du sollst hie heime hingahn."

Im Uebrigen sei hiermit auf Steinschneider, hebr. Bibliographie I S. 66, Carmoly, Oholiba S. 90 und die Monographie „Die Frauen der jüdischen Literatur" von Dr. G. Karpeles verwiesen.

[21] Weinhold, die Frauen in dem deutschen Mittelalter S. 315.
[22] Raschi ed. Augsburg a. 1533, in meinem Besitze befindlich.
[23] Terumath hadeschen n. 152, das handschriftliche אסופות S. 97c, das Buch der Frommen § 122.
[24] Vgl. Kriegk, Bürgerzwiste S. 438.
[25] Resp. Jsrael Bruna n. 241.

²⁶) Resp. Jakob Levi's n. 86, Isserlein, Pessakim n. 92 und Terumath hadeschen S. 181d.
²⁶a) Siehe meine Abhandlung über Israel Isserlein in der Monatsschrift von Frankel 1869, S. 232.
²⁷) Buch der Frommen § 703.
²⁸) Or sarua I. S. 213, vergl. Resp. des Sohnes Chaim Or sarua n. 221.
²⁹) Isserlein, Pessakim n. 34.
³⁰) Resp. M. Rothenburg ed. Lemberg n. 310.
³¹) Briegleb, in Jeschurun von Dr. Kobak 1868 S. 8.
³²) Buch der Frommen § 16, 168 und an vielen anderen Stellen des Buches.
³³) Nachweisung s. bei Zunz, zur Geschichte 171 n. a und b.
³⁴) Zu Eger (s. Orient Jahrg. 7 S. 628), Augsburg (s. Stetten, Gesch. A. S. 81 und 166), Rothenburg (s. Bensen, Alterthümer R. S. 10), Frankfurt a. M. (s. Kriegk, Bürgerzwiste S. 445); vgl. außerdem Wiener in der Monatsschrift von Frankel 1863 S. 428 und 1868 S. 358. Der an letzterer Stelle gegebene Hinweis auf Resp. Israel Bruna n. 169 darf wohl nicht hierher gerechnet werden, da man dort, wie mir scheint, „Brodhaus" statt „Brauthaus" zu lesen hat; Brodhaus hieß nämlich das Zunfthaus der Bäcker. Beide Häuser als Attribute einer Gemeinde s. bei Juda Menz, Resp. n. 7.
³⁵) Terumath hadeschen n. 210.
³⁶) Ebendas. n. 350.
³⁷) Buch der Frommen n. 1107.
³⁸) Die weitere Uebertragung des Begriffes קוביא = cubus auf alle anderen Gewinnspiele behandelt Elia Misrachi in dessen Responsen n. 14.
³⁹) Ueberdies erinnerte sie der Würfel an die fortwährenden Plackereien, denen die Juden in den einzelnen Städten und Landschaften ausgesetzt waren. Sie mußten nämlich jedem Zollaufseher oder Zollknecht drei Würfel überreichen; gar sehr oft wurden sie von den Lanzenknechten angehalten und von ihnen Würfel gefordert. Sie waren daher genöthigt, überall Würfel mit sich zu führen, um dem oft gefährlichen Verlangen sofort Genüge leisten zu können.
⁴⁰) Die Limburgische Chronik schreibt hierüber: „Darnach, da das Sterben, die Geißelfahrt, Römerfahrt, Judenschlacht ein Ende hatte, da hub die Welt an, wieder zu leben und fröhlich zu sein."
⁴¹) Tendlau, Sprichwörter S. 107.
⁴²) Resp. Israel Bruna n. 136 und Pachad Jizchak s. v. חרם.
⁴³) Pessakim v. Isserlein n. 186 und hiernach Zunz, zur Geschichte S. 174 zu berichtigen.
⁴⁴) Leket joscher (cod. Mon. n. 405) S. 88 im Namen Jakob Weil's.
⁴⁵) Hurwitz, Schne luchoth habrith.
⁴⁶) Die Nachweisungen s. bei Zunz, zur Gesch. S. 174 Note g.
⁴⁷) Pesakim v. Isserlein n. 192 und Resp. Israel Bruna n. 125.
⁴⁸) Resp. Israel Bruna n. 135.

⁴⁹) Pachad Jizchak s. v. חרם.
⁵⁰) Schaab, Geschichte der Juden zu Mainz, S. 339.
⁵¹) Eliesers Testament, von mir in der jüdischen Presse 1870 S. 90 mitgetheilt.
⁵²) Die Nachweisungen s. bei Zunz, zur Geschichte S. 173 Note 1., zu denen noch Maharil, Hilchoth Sabbat S. 39b ed. Lemberg hinzuzufügen wäre.
⁵³) Nach dem Talmud in Taanith 29 waren in alten Zeiten der 15. Tag des Monats Ab und der Versöhnungstag die unvergleichlich schönsten Festtage in Israel. An diesen Tagen zogen die israelitischen Töchter hinaus, alle in weißen Gewändern gekleidet und zwar in geliehenen, um die nicht zu beschämen, welche solches Gewand nicht selbst besaßen. In den Weinbergen draußen führten sie Tänze auf und sangen hierbei: O Jüngling! erhebe deine Augen und schau', welche du dir wählen willst. Richte dein Auge nicht auf Schönheit! richte vielmehr dein Auge auf edle Abstammung der Familie. Trügerisch ist ja Anmuth, eitel die Schönheit, nur das gottesfürchtige Weib ist lobenswerth!
⁵⁴) Maharil, Hilchoth Jom Kippur S. 64b. Etwas Aehnliches wollte man im Talmud Sabbat 115 (Ende des 15. Perek) erblicken. Jakob Weil in den Deraschoth will das Nußspiel am Versöhnungstage Erwachsenen nicht gestatten.
⁵⁵) Joseph Tobelem bei Hagahoth Mordechai Sanhedrin § 722.
⁵⁶) Nach dem, in Anmerkung 8 erwähnten, handschriftlichen Werke אסופות S. 72.
⁵⁷) Das kleine Buch חסידים ed. Warschau S. 11c; s. a. Maharil in den Likkutim.
⁵⁸) Nachweisung bei Zunz, zur Geschichte S. 174.
⁵⁹) Leket joscher (cod. Mon. n. 405) und אסופות (cod. Halberstamm) S. 72.
⁶⁰) S. Zunz, zur Geschichte S. 174 nach Ketubot 61b und Raschi daselbst, wie auch Buch der Frommen, ferner Cassel in Cusari V., 20, Seite 426.
⁶¹) Steinschneider, Catalog Bodleiana I. S. 904 und 684, ferner Ersch und Gruber, Band 27 S. 431 und 461.
⁶²) Von Jedaja Penini, nach Zunz, z. Gesch. S. 468.
⁶³) Asulai in Birke Joseph zu Orach Chaim § 338.
⁶⁴) Leket Joscher (cod. Mon. n. 405), woraus auch die Notiz bei Zunz, Literatur. S. 497, die noch durch שמחתקנין הקטפים bei Maharil ms. Likkutim (S. 117 ed. Lemberg, Absatz אמר לנו, wo diese beiden Wörter fehlen und dafür בל אשכנו שעושין gelesen wird) und הקטפים והדרשנים bei Moses Menz Resp. n. 43 zu ergänzen ist.
⁶⁵) Buch der Frommen § 474.
⁶⁶) Asulai in Birke Joseph zu Jore deah § 179 n. 6 auf Grund einer Stelle in Jalkut Mischle c. 22.
⁶⁷) Hefele, Conciliengeschichte Band 2 S. 474.
⁶⁸) Vgl. Steinschneider über jüdische Loosbücher in der hebr. Bibliographie VI. S. 120.

⁶⁹) Piske Recanate § 561 und hiernach Birke Joseph zu Jore deah §. 179 n. 4; das Buch Jereim § 82; das Buch der Frommen §§ 59, 326, 205.
⁷⁰) Aboda sara 18 b.
⁷¹) Jeruschalmi Abodah sara c. 1 Halachah 7.
⁷²) Sachs, Beiträge I. S. 123.
⁷³) Midrasch Rabba zum 3. B. M. Abschnitt 13, angeführt bei Or sarua I. S. 11 und II. 37, wahrscheinlich dasselbe bei Zunz zur Gesch. S. 173 Note k. aus Ra'biah ms. und bei Rothenburg Responsen ed. Lemberg § 23 im Juder, im Buche selbst aber fehlt. Vgl. auch die nähere Ausführung im kleinen Buche der Frommen S. 12 b, wo nach dem Citat des בח zu Orach Chaim § 224 (hier muß man המשכיל בם׳ statt האשכול בם׳ lesen, da mit diesem Titel das erwähnte Büchlein dort im Anfang sich einführt, wodurch sich Auerbach's Frage in der Einleitung zum Eschkol XV. erledigt) es heißen muß טורלנגא וטירנא, tourlonge (?) und tournire, womit Steinschneiders Frage in der hebr. Bibliographie IX S. 114 zu vergleichen wäre.
⁷⁴) S. Perles, etymolog. Studien in Frankels Monatsschrift, 1870, S. 261, wo צבירי mit θεωροί identificirt wird.
⁷⁵) Israel Bruna in dessen Responsen n. 71.
⁷⁶) Jakob Weil, Dinim n. 37.
⁷⁷) Angeführt in Serapeum 1866 S. 8.
⁷⁸) Vgl. hierzu Wiener in der Monatsschrift von Frankel XII. S. 277.
⁷⁹) Or sarua II. S. 40 und I. S. 194.
⁸⁰) Rokeach § 196 und hieraus im handschriftl. אסופית §. 156.
⁸¹) Vgl. Perles, die jüdische Hochzeit, in der Monatsschrift von Frankel 1860 S. 344.
⁸²) Buch der Frommen § 1042.
⁸³) Orchoth Chaim cod. Halberstamm.
⁸⁴) Buch der Frommen § 52.
⁸⁵) Maharil S. 87 b ed. Lemberg, Resp. Moses Menz n. 119, Salomo Loria in Baba Kamma c. 7 zu Ende und n. 37, wo auch von Feierlichkeiten zur Bar Mizwah und zur Einweihung eines Hauses die Rede ist.
⁸⁶) Leket Joscher cod. Mon. S. 70 b; auch am Neujahr, dem achten Tage nach Weihnachten (ניטל = natale, auch קלנד = calend genannt) und am Pfingsten (פינקושט) sandte man Geschenke an Geistliche und Obrigkeit, s. Terumath hadeschen n. 145, in den R"ma zu Jore deah § 148 übergegangen. Man beschenkte auch die Christen nach dem Hüttenfeste mit den Esrogim, was der Verf. des kleinen Buches der Frommen S. 8a tadelt, die Christen beschenkten wiederum die Juden am Abend nach beendigtem Pesachfeste mit Brod, s. Darke Moscheh § 684.
⁸⁷) Or sarua II. S. 138.
⁸⁸) Maharil 33 a ed. Lemberg.
⁸⁹) Maharil 72, vgl. Or sarua II. 137 unten und Jakob Weil, Deraschoth.

⁹⁰) Terumath hadeschen n. 110.
⁹¹) Das handschriftliche אסופות S. 95a.
⁹²) Das kleine Buch der Frommen S. 15a; man vergleiche überhaupt hierüber Resp. Juda Menz n. 16, R'ma zu Orach Chaim § 696, Bach zu Jore deah § 182 auf Grund des Buches Jereim.
⁹³) Buch der Frommen § 201, 702, 703.
⁹³ᵃ) Lazarus, über den Ursprung der Sitten S. 36.
⁹⁴) Terumath hadeschen n. 251, Resp. Jakob Lewi n. 98—99 und Maharil S. 111; בית החורף noch in anderen Quellen.
⁹⁵) Maharil S. 38b und 28b (ed. Lemberg) und Chidduschē Agguda Bl. 99.
⁹⁶) So z. B. in Worms (Likkutim bei Maharil und Frankels Monatsschrift 1861 S. 228), in Neustadt a d. Hardt 1394 dem Spital übergeben (Mone, Zeitschrift für die Geschichte des Oberrheins I. S. 272), in Schweidnitz u. a. O.
⁹⁷) Die Nachweisungen s. bei Zunz, zur Geschichte S. 175 u. e., wozu noch hinzuzufügen Resp. M. Rothenburg ed. Prag § 610 und ed. Lemberg § 496.
⁹⁸) Maharil S. 44b.
⁹⁹) S. Raschi zu Sabbat 149 und Aruch s. v. דיוקן. Aus dem 15. Jahrhundert (nach Falke in Westermann's Monatsheften X. S. 245) stammt die Sitte, die Häuser von außen mit Malereien aus der profanen und der heiligen Geschichte zu bedecken.
¹⁰⁰) Zunz, ein gefundener Brief in Busch's Jahrbuch V. S. 169.
¹⁰¹) Finn, Kirjah nemana S. 315, hiernach die Angabe Mulder's (siehe hebr. Bibliogr. II. S. 109), nach welcher das erste jüdische Portrait das des Meir Katzenellenbogen (st. 1565) sei, zu berichtigen.
¹⁰²) Tendlau, Sprichwörter S. 271 und das Buch der Sagen, von demselben Verfasser, S. 320.
¹⁰³) Mitgetheilt im Jahrbuch von Wertheimer 1856 S. 168.
¹⁰⁴) Das handschriftliche אסופות Bl. 154c und Maharil S. 37b.
¹⁰⁵) Maharil 37b und אסופות ms. § 386. Der Genuß von Fischen am Freitag Abend scheint mit der von Salomo Loria in Jam schel Schelomoh zu Baba Kamma 76 für שום אכילת entwickelten Gründen zusammenhängen. Einen kabbalistischen Grund s. Jalkut Chadasch Artikel אכילה.
¹⁰⁶) Resp. Israel Bruna n. 189.
¹⁰⁷) Or sarua II. S. 22.
¹⁰⁸) שורטבל in אסופות ms. S. 76 nach Luzzattos eigenhändiger Bemerkung dort als sur table zu verstehen. Das Wort lesen wir auch in Agguda 125c, Maharil 29b und bei Jakob Lewi, Resp. n. 99. Ueber שאלנט — in den Quellen meistens mit ר"ל חמין erklärt — f. Zunz, gottesd. Vorträge S. 441; in Or sarua II. S. 6b צלנט, auch צאלנט. Das Wort ist jedenfalls zuvörderst mit dem altfranzösischen chald, dem heutigen chaud entsprechend, zu combiniren.
¹⁰⁹) ברדיר, die Vesper-Mahlzeit, in אסופות 76b. Das Wor

bezeichnet ursprünglich die hora, die dritte Stunde des Nachmittags im Kloster.

110) Maharil S. 38 a.

111) Den Fischen Brod zuwerfen, s. Koheleth Rabba C. 11 V. 1.

112) Maharil 33 a. Vgl. Terumat hadeschen n. 1, der Rabbiner geht mit den Vertretern der Gemeinde am Freitag Abend an die Donau.

113) Peßakim von Isserlein n. 155, Terumath hadeschen n. 61 und Leket Joscher ms. (s. meinen Aufsatz „Israel Isserlein" in der Monatsschrift von Frankel 1869 S. 228) und Resp. Nachlath Schiwah n. 7.

114) Leket Joscher ms.; vgl. Tosefot zu Sabbat 116 b.

115) Vgl. meine Bemerkung in der jüdischen Presse 1870 S. 90 zu dem dort mitgetheilten Testamente aus dem 14. Jahrhundert.

116) S. Zunz, zur Geschichte S. 171 nach Buch der Frommen § 374—380.

117) Samuel b. Meir zu Baba batra 146 b.

118) Maharil, Likkutim zu Anfang.

119) Cod. Halberstamm S. 87, worüber ich in der hebr. Bibliographie 1869 näher berichtet habe. Ueber die Identität von Rab, Meister, Magister s. interessante Data bei L. Geiger, Ursprung und Entwickelung der menschlichen Sprache S. 323.

120) Jakob Weil, Resp. n. 134.

121) Peßakim v. Isserlein n. 85.

122) Maharil S. 77.

123) Terumat hadeschen n. 207 und Peßakim n. 74; in Frankreich kam es noch öfters vor, s. Pardes ed. Constant. S. 23 d.

124) Resp. J. Bruna's n., vgl. auch Feten-Ordnung von Frankfurt am Main. bei Schudt III. Cont. IV. Theil § 7 und bei Schaab, Gesch. der Juden in Mainz S. 335.

125) Resp. Moses Menz n. 109.

126) Or sarua I. S. 226, Terumat hadeschen n. 207, Peßakim von Isserlein n. 74 und 226.

127) S. Zunz, gottesdienstl. Vorträge S. 442 und J. Bruna's Resp. n. 15: auch der Verf. des handschriftl. Leket Joscher schreibt „Vorspiel und in meinem Lande" (er lebte zur Zeit, als er das Werk redigirte, in Oberitalien) sagt man dafür שווינהץ. Andere weniger einleuchtende Erklärungen s. bei Tendlau, Sprichwörter S. 112 b.

128) Matte Mosche S. 112 b.

129) Grimm, deutsche Mythologie II. 1002, Rochholz, deutscher Glaube und Brauch II. 21.

130) Vgl. Traktat Ketubot zu Anfang.

131) Leket Joscher ms.

132) Ketubot 5 a.

133) Rokeach § 351, siehe dagegen Hagahot Maimoniot zu Hilchoth Ischus 10, 40.

134) Nach אסופות ms. 104 c, Maharil 78 b und Resp. Moses Menz n. 109.

135) Nach dem handschriftl. אסופות geleitete man allgemein das

Brautpaar in aller Frühe nach dem der Gemeinde gehörigen Hochzeits=
hause und dieses Geleiten galt als das bekannte כל בכבוסה.

¹³⁶) Diese scheinen bei festlichen Anlässen und für religiöse Zwecke
besonders beliebt gewesen zu sein, so z. B. Peßachim 103b und haben
sich auch bis heute in Gebrauch erhalten (Sachs, Beiträge I. S. 77).

¹³⁷) Später mußte gegen den hierbei entfalteten Aufwand einge=
schritten werden und es wurde festgestellt, daß nur fünf Frauen die Braut
begleiten dürfen (Resp. Benjamin Seeb n. 305).

¹³⁷a) Vgl. über dieses Wort meine Zusammenstellung in dem Li=
teraturblatt der jüdischen Presse 1870 S. 27.

¹³⁷b) Bräutliche Myrthe s. bei Sachs, Beiträge I. S. 82. In
Frankreich trug der Bräutigam ein Rohrgeflechte, s. Sefer haterumа
§. 239.

¹³⁸) אסיפות ms. S. 105.

¹³⁹) Resp. Moses Menz n. 107; die Geschichte dieses Wortes s. bei
Zunz, zur Gesch. S. 306.

¹⁴⁰) Rokeach § 353, s. a. Perles, die jüdische Hochzeit, in der Mo=
natsschrift r. Frankel 1868 S. 358.

¹⁴¹) Leket Joscher ms. S. 74b.

¹⁴¹a) Terumat hadeschen n. 7.

¹⁴²) Resp. Moses Menz n. 102.

¹⁴³) Rokeach § 154.

¹⁴⁴) Hut, Mantel und Schwert als Symbole bei der Verlobung,
s. Weinhold, die deutschen Frauen S. 225

¹⁴⁵) Maharil S. 42; da Jakob Lewi, der 1427 starb, bereits der
Sitte der Landestrauer erwähnt, so könnte hiernach die Angabe von Kriegk,
deutsches Bürgerthum S. 420, nach welcher erst am Ende dieses Mittel=
alters die Gewohnheit der Landestrauer, an welche man vorher, wie es
scheint, nicht gedacht hatte, festgestellt werden.

¹⁴⁶) Leket Joscher ms. S. 44.

¹⁴⁷) Das kleine Buch der Frommen S. 14b.

¹⁴⁸) Maharil Likkutim angeführt in Magen Abraham zu Orach
Chaim § 560. Gelegentlich die Ergänzung zu Plessner, relig. Vorträge
II. S. 127, welcher bei dem vulgären Spruch אל תקרא מהוגן אלא מצינך
auf Raschi zu Sprüche 3, 9 (vgl. auch Jalkut z. St.), auf Pesikta
rab. c. 25, Sohar Abschn. Jithro, auch Schibule leket 1, 4 und Älteres
Sekenim zu Orach Chaim § 53 hinweist, daß die angeführte Raschistelle
in Handschriften nur מה שחננך (statt מכב מהונך, lautet, dem=
nach das Uebrige als ein späterer Zusatz anzusehen ist, daß dagegen der
Spruch vollständig citirt im Buche Baruch scheamar (Vorrede) sich findet.

¹⁴⁹) Buch der Frommen § 158.

¹⁵⁰) Maharil S. 65.

¹⁵¹) Ebendas.

¹⁵²) Das Buch der Frommen § 238, Birke Joseph zu Orach
Chaim § 560; vergl. ferner Literaturblatt des Orients VI S. 86 u. 539.

¹⁵³) Leket Joscher ms., das kleine Buch der Frommen.

¹⁵⁴) Zunz, die Riten S. 70.

¹⁵⁵) Leket joscher ms. S. 12.
¹⁵⁶) Raschi cod. Mon. Vgl. hierüber meine Mittheilung im Literaturblatt der jüdischen Presse 1870 n. 1.
¹⁵⁷) Buch der Frommen § 302.
¹⁵⁸) Nach cod. Halberstamm, in Anmerkung 4 näher bezeichnet; andere Nachweisungen f bei Zunz, syn. Poesie 115 und Riten S. 67. Die von mir im Literaturblatt der jüdischen Presse vorgeschlagene Leseart „Stufentrop" statt der von Zunz angeführten „Stubentrop" muß ich nunmehr aufgeben, da es nach der Stelle in der bezeichneten Handschrift scheint, daß man „Trop der Schule", d. h. Synagoge, von „Trop der Stube", d. h. der Kinderschule unterschieden.
¹⁵⁹) Maharil, Likkutim.
¹⁶⁰) Ebendas. und hiernach Steinschneider, Volksliteratur S. 13 „Lieder über die 613 Gebote" zu berichtigen.
¹⁶¹) Maharil cod. Benzian, etwas abweichend von der bei Polak, Halichot Kedem aus einer andern Handschrift abgedruckten Recension.
¹⁶²) Das hebr. Gedicht, ein Hochzeitsgesang, zuletzt abgedruckt in Tikkun hasofer von Baer S. 4.
¹⁶²a) Hiernach Wolf in „Studien" S. 22, daß eine Verbindung der Juden mit Hussiten und Waldensern in Abrede zu stellen sei, zu berichtigen.
¹⁶³) Wolf, Aktenstücke in der hebr. Bibliographie IV. S. 66 und I. S. 17.
¹⁶⁴) Muchar, Geschichte Steyermarks III. S. 363.
¹⁶⁵) Ueber Süßkind und seine Gedichte, vgl. Hagen, Minnesinger II, 258. IV. 530 und Grätz, Geschichte VI, 277.
¹⁶⁶) Das Liederbuch ist in Chrysanders Jahrbuch für musikalische Wissenschaft II. durch Arnold und Bellermann veröffentlicht.
¹⁶⁷) Uhland in Schreiber's Taschenbuch II. 260 für die Geschichte Süddeutschlands; eine andere Quelle bei Geiger, jüd. Zeitschr. 1871 I.
¹⁶⁸) Wertheimer, Jahrbuch 1860 S. 54. Gumplins Humoreske f. Melo Chofnaim S. 51.
¹⁶⁹) Diese Bezeichnung schon in אסופות ms. S. 97c, auch in Magen David zu Orach Chaim § 560, Resp. Jair Bacherach § 50.
¹⁷⁰) S. n. 50 in den Responsen derselben.
¹⁷⁰a) Weinhold, die deutschen Frauen S. 271.
¹⁷¹) Terumat hadeschen n. 241.
¹⁷²) Terumat hadeschen n. 296. und Maharil cod. Benzian in den Likkutim.
¹⁷³) שטרייפא in Taschbez ms. § 154, שטרייכהייט in Agguda 125b, שטרייכהט, Chibbusche Agguda 98: streicheht und streichechte bei Beneke und Müller, mittelhochdeutsches Wörterbuch, so viel als streifig. Ich glaube, daß auch bei Samuel ben Meir (Commentar zum dritten Buch Mosis 19, 9) in seiner Entgegnung an die mit ihm disputirenden Christen hieran zu denken sei.
¹⁷⁴) Resp. Binjamin Seeb § 282.
¹⁷⁵) S. Kaw hajascher § 82; Cassel, historische Versuche S. 3.

¹⁷⁶) Dessen Zeit glaube ich in der Monatsschrift von Frankel 1869 S. 179 richtig ermittelt zu haben. Der Name מבלן in der Unterschrift des Sendschreibens S. 24 kommt auch in den Responsen des Chaim Or sarua n. 23 vor.
¹⁷⁷) Terumat hadeschen n. 296.
¹⁷⁸) Bei Maharil und Isserlein öfters erwähnt.
¹⁷⁹) Or sarua II. S. 30.
¹⁸⁰) Maharil mehrere Male.
¹⁸¹) Maharil S. 36 und 82.
¹⁸²) Cod. Halberstamm S. 110; s hier n. 184.
¹⁸³) Leket joscher ms. S. 29.
¹⁸⁴) Cod. Halberstamm, worüber ich in der hebr. Bibliographie 1869 S. 171 Näheres berichtet habe.
¹⁸⁵) ירשטי in Or sarua II. S. 39, ohne Erklärung geblieben bei Harkavy „die Juden und die slavischen Sprachen" S. 60.
¹⁸⁶) Althochdeutsch nusca, was Landau in Marpe laschon zu Moed katan 12 b. unbekannt war.
¹⁸⁷) Sefer hateruma §. 240. Or sarua II. S. 39.
¹⁸⁸) Ebendaselbst und Piske Recanate § 91.
¹⁸⁹) Delsner, in den österreichischen Geschichtsquellen Band 31, S. 136.
¹⁹⁰) Resp. M. Rothenburg ed. Lemberg § 140.
¹⁹¹) So will ich das dort unerklärt gebliebene „atezsteyen" (von Agtstein, Aitstein, d. i. Bernstein) verstehen.
¹⁹²) Maharil, vom 9. Ab.
¹⁹³) Orchoth Chaim cod. Halberstamm.
¹⁹⁴) Bei Or sarua II. 41 fälschlich הורשטיר, richtig in Agguda הירשנור.
¹⁹⁵) Maharil cod Benzian לבוש נשים.
¹⁹⁶) S. Raumer, Hohenstaufen V. S. 244.
¹⁹⁷) Leket joscher cod. Mon. n. 405 S. 88.
¹⁹⁸) Resp. Jakob Lewi n. 129.
¹⁹⁹) S. seine Darstellungen aus der jüdischen Geschichte des Mittelalters in Jeschurun von Dr. Kobak und in der illustrirten Monatsschrift von Hilberg.
²⁰⁰) Vgl. zu Folgendem Mone's Zeitschrift für die Geschichte des Oberrheins IV. 326 und IX. 363, Stobbe, die Juden S. 240, ferner Wiener Regesten S. 235 und Weyden, Geschichte der Juden zu Köln S. 180. Jüdische Zollpächter werden auch im Buche Agguda Bl. 123 erwähnt.
²⁰¹) Resp. M. Rothenburg n. 815 ed. Prag; Buch d. Frommen §. 601, Wiener in der Monatsschrift von Frankel 1863 S. 169.
²⁰²) לחם חק הכומרים in Hagahot Maimoniot zu Hilchot Chamez c. 1 n. 3, vgl. hierzu Orsarua I. S. 214, im handschriftl. אבודה § 35' mit ברוט פרונדא (Pfründebrod) bezeichnet.
²⁰³) Or sarua II. 75.

²⁰⁴) Piske Rekanate § 225, Mordechadi zu Aboda fara c. 1, Hagahot Maimoniot zu Aboda fara c. 7 n. 7.

²⁰⁵) Peßakim v. Isserlein n. 27 und zur Geschichte von Zunz Note i. S. 180.

²⁰⁶) Eine Zusammenstellung findet man bei Zunz, zur Geschichte S. 180; nachzutragen wären noch Mordechai zu Aboda fara c. 1, wo Weihrauch und Rauchpfannen, Buch der Frommen § 875, wo Kelche (כלי) zu verkaufen verboten werden; wegen Kirchengeräthe vgl. ferner Rab'n §. 289, Buch der Frommen §. 783. Mönchskleidung nicht als Pfand anzunehmen f. Resp. Chaim Or farua n. 175.

²⁰⁷) Raumer, Geschichte der Hohenstaufen Band 5 S. 244; siehe ferner meine Mittheilung in der Monatsschrift von Frankel 1869 S. 320.

²⁰⁸) אסוכא ms. S. 71c.

²⁰⁹) Mone's Zeitschrift für die Geschichte des Oberrheins.

²¹⁰) Gabler, Nürnberg's Bedeutung S. 28.

²¹¹) Maharil 44b.

²¹²) Es mögen hierfür einige Nachweise genügen, die sich aber bedeutend vermehren lassen: Rab'n S. 8a, Resp. M. Rothenburg ed. Prag 904, 935 (Münzhandel), Isserlein in den Peßakim § 224, Mehreres in Leket jofcher ms. und bei Neumann, Geschichte des Wucher's in Deutschland.

²¹²a) בנפייא של שוק טרוייש an mehreren Stellen.

²¹³) Leket jofcher ms. und Isserlein, Peßakim a. m. Stellen.

²¹⁴) Diese Verbindung war einflußreicher, als man gewöhnlich anzunehmen geneigt ist. Nicht von Italien und Frankreich allein ging vorzüglich der geistige Impuls für die deutschen Juden aus, die Verbindung mit den Lehrstätten in Babylon und Jerusalem war noch im 11. und 12. Jahrhundert rege und zeigt sogar noch im 13. Jahrhundert deutliche Spuren, indem (nach) dem handschriftlichen אסוכא) im Jahre 1208 der Naßi R. Asarjah von Babylon nach Deutschland kommt und bei seiner Anwesenheit in einem besonderen Falle auch medicinische Kenntnisse an den Tag legt.

²¹⁵) Leket jofcher ms. S. 51, vgl. auch Terumat hadeschen n. 114.

²¹⁶) Böheim, Chronik von Wiener Neustadt S. 74.

²¹⁷) Historische Nachrichten von Fürth S. 5.

²¹⁸) Taschbez cod. Benzian.

²¹⁹) Nachweisungen f. bei Zunz zur Geschichte S. 173, mehr noch bei Podiebrad, Alterthümer der Prager Josefstadt S. 127.

²²⁰) Erlernten häufig bei den Mönchen, wie es aus mehreren Stellen im Buche der Frommen hervorgeht.

²²¹) Mone's Zeitschrift für die Geschichte des Oberrheins Jahrg. 17 S. 255.

²²²) Wir geben hier ein kleines Verzeichniß von sogen. Judenärzten: Godliep 1362, Augenarzt Abraham in Schweidnitz 1351, Isaac Friederich 1388, auch Salman Pletsch aus Regensburg 1394 und Isaac 1399 in Frankfurt a. M., Jacob 1376, Jacob v. Straßburg 1363—91, Baruch 1401, Meister Josset in Basel 1373 (erhielt als jährliche Be-

folbung 25 Pfund), Gutleben (sein Nachfolger, erhielt nur 18 Pfund) Meister Lembelin v. Tan in Speyer 1348, Josue, Leibarzt des Erzbischofs Bruno 1124, Meister Symon, Leibarzt des Erzbischofs Boemens 1354, Seligman 1407, Wundarzt Michel 1478 u. M. Vgl. hierüber Wiener in der Monatsschrift von Frankel XII. S. 307 und Heffner, b. Juden in Franken S. 11 u. 35, besonders aber Stobbe, die Juden S. 279. Ueber Judenärzte im Rheingau f. Bodemann rheinische Alterthümer S. 703. und 713.

[223]) Mone, Zeitschrift für die Geschichte des Oberrheins XII. S. 23.
[224]) Jäger, Geschichte Ulms S. 450.
[225]) Raumer, Hohenstaufen Band V. S. 244.
[226]) Kriegk, deutsches Bürgerthum S. 449.
[227]) Man vgl. Weyden, die Juden in Cöln S. 196 und Ersch und Gruber Band 27 S. 66.
[228]) Or sarua II.
[229]) Maharil, Hilchot Mesusa. Wer denkt hierbei nicht an das Geschenk der Mesusa, welches der Nasi an Arteban (nach Jeruschalmi Peah) sendet!
[230]) Wuttke, der deutsche Volksaberglaube S. 141 u. 288.